開始愛自己

全世界都會擁抱你

Lala 蘇心甯——著

目 錄
Contents

Chapter 3

只要心念正，都是對的選擇

Chapter 4

不管原生和意外，都能遇見幸福

Chapter 5

人生，沒有過不去的坎

作者序

在我決定寫書的那一刻，心中充滿了複雜的情感。這不僅是一次自我探索的旅程，也是一種勇於面對內心深處傷痛的嘗試。每一頁的文字，都是我與過去和解的過程，是我將內心的創傷轉化為力量的見證。

從小，我就有一個夢想，想成為一個溫柔而有力量的人，能夠給予他人幫助和支持。很難想像自身難保的我，小時候怎麼會有這麼大的夢想。《開始愛自己 全世界都會擁抱你》是我向這個夢想邁出的一大步，完成我人生的大大里程碑。

我常常在節目或是自己的社群平台分享自己的故事，不是為了要引起同情，而是給予希望，讓那些正處於人生傷痛中、或是被過去傷痕反覆在受折磨的人，一個溫暖的能量。我想傳達經歷了這些磨難，但是命運帶不走我的熱情與笑容，反而讓我的生命更有力量，這也是網友們最好奇、最常詢問我的問題，到底是怎麼渡過難關的！

我曾是受社會幫忙的清寒學生，一個需要獨自撐起家庭的女孩。經歷過家暴和父母離異，十四歲開始賺錢養家、照顧妹妹，同時還要努力償還爸爸留下的債務。我的人生路途中，原本以為只需要療癒原生家庭的創傷，沒想到之後還經歷了離婚和子宮頸癌的雙重打擊，但這些戲劇性的經歷並沒有讓我倒下，反而讓我更加堅強。

這本書裡，不僅分享了自己的故事，還試圖通過這些故事，傳遞一種訊息：「無論生活多麼艱難，只要你不放棄，就有可能重生，並找到屬於自己的幸福。」無論原生家庭不好或是人生遭遇坎坷，只要你相信自己能超越過去，迎接新的開始只是時間與努力的問題而已。

在疲憊、不安、迷失或自我懷疑時，希望這本書能夠協助你找到安慰、勇氣和解答。讓我們一起走過這段旅程，每一步的挑戰，都是通往美好未來的必經之路，畢竟人生沒有白走的路，每一步都算數。

當你開始愛自己的那一刻，全世界都會以擁抱的方式回應你。願這本書能陪伴你，擁有重生的勇氣，並遇到遲來的幸福。

Lala 蘇心甯

推薦序

給逆風而行的La La：

她總是流著淚但卻微笑著面對生命……

在演藝圈多年，從來沒有過任何的負評！

所有人都喜歡她。

與眾不同的人設，讓她有著更精彩的演出！

我們都看到了妳的努力……

飛機的起飛，就是要逆風。

沒有礁石就激不起美麗的浪花！

Lala繼續加油！

憲哥最希望看到妳有越來越棒的事業以外，還有屬於妳美好的愛情，也可以趕快到來！

綜藝天王——吳宗憲

我跟 **Lala** 蘇心甯這幾年一直同屬於一家經紀公司，在工作上我比她年長也是她的前輩，但在感情處理上她卻比我更成熟；看似柔弱的外表下，經歷了超乎常人想像的艱辛。

她懂事卻不世故，對於應對進退都拿捏十分得宜；老實說，在我前幾年狀態不太穩定時，她給了我蠻多實用的感情經驗，也給了我許多溫暖的陪伴。

我自己是台北東區長大的孩子，雖然成長過程中有過辛苦的地方，但比起早早從南部離家北漂的她，又是一位單親媽媽，她吃苦耐勞甚至理財存錢的能力，都令我瞠目結舌的讚嘆。

我很感謝在我的中年能認識這位貼心的妹妹，當妳閱讀她的文字可以感受到她性感外表下的真誠。她的人生故事絕對夠精彩，而這本書裡她所書寫的過去與現在，我相信也可以鼓勵到許多人。

知名藝人——何妤玟

Lala 始終帶著笑容，這是我們夫妻認識她到現在的印象。佩甄的工作讓她很早就跟 Lala 有相遇的機會，常聽她聊起關於 Lala 的一切，永遠充滿熱情、對人謙和有禮的南部女孩。

第一次與 Lala 近距離的認識，是在朋友生日的聚會，已經都過了大半段時間，遲到的 Lala 拎著大包小包到來。原來是上一場工作的延誤，一般來說，很多人在這種狀況下，大多會傳個訊息說聲抱歉就選擇不來了。但 Lala 重視友誼與信用，再趕也要完成承諾。

Lala 長年台北高雄兩邊跑，要同時工作又要顧小孩很不容易，每次都喊時間不夠用，但還是非常重視保養。Lala 很常到尼斯診所保養，也不吝嗇的分享給網友們最新保養資訊。同時還會帶伴手禮給我們診所的同仁，我們診所的女同仁都被她真性情又愛自己的性格表現圈粉。

很難想像笑容滿面又正能量的 Lala 人生有非常多曲折、同時也伴隨許多勵志。今天看到這本書的完成，我們夫妻都很開心。對佩甄而言，站在同為藝人、媽媽的角色，完全能夠理解生命中的酸甜苦辣。對於我，終於可以一窺 Lala 的故事，感受 Lala 人生的起伏，也希望這本書的內容，可以帶給有類似遭遇的朋友，找到生命的出口。

台灣好媳婦——李佩甄

尼斯診所執行長——王祚軒

亮麗的外型是她給人的第一印象，對很多人來說漂亮的女孩不用辛苦，但是你越認識她，你就會發現她的漂亮，不只是外表，還是一個內心充滿愛的人！

每一個過去都會成就未來的自己，過去的不開心並沒有打倒她，反而讓她的美更有生命力。謝謝Lala不藏私的跟我們分享屬於她的真實故事。我常常和大家說，要評論一個人之前，一定要先了解她。我想你們都會和我一樣，越了解她也會越喜歡她。

從女孩到母親的角色，為母則強的表現讓人感動又心疼，傳統世俗對女性角色的期待，隨著時代的變遷，很多過去的傷害變成如今的養分，而這些故事會鼓舞更多的女性，活出自我！

浮誇王美——王思佳

在擾攘的演藝圈洋流中，Lala 的存在像是一股暖流，每次從她身上總能得到剛剛好的溫暖。

我的工作每天要面對很多不同的人、事、物，有時候就像巴士轉運站一樣，這裡的客人來來去去，我們彼此以禮相待，而 Lala 這位客人，從她永遠笑咪咪的眼神到她無比柔軟的內心，都讓人印象深刻。

我其實不太會在公共場合透露自己的私人情緒，但 Lala 卻能從一些小地方觀察出此刻的我或許正處於一個需要被關心的狀態，她就默默私訊我並給予我小小的鼓勵，有一次她甚至寄了一支好好喝的紅酒給我！我很珍惜這樣的朋友，也把這份心意好好地收藏在心裡：）

人家常說「相由心生」，像 Lala 這樣的女孩子，未來只會越來越美而已，可惡啊！

金鐘獎主持人——黃路梓茵 Lulu

我認識的 Lala，總是笑瞇瞇的，非常有同理心，我失戀的時候她比我生氣、我難過的時候她比我難過，我告訴她缺錢，她會比我經紀人更努力地到處拜託人發工作給我。

這麼一個溫暖的女孩，很難想像居然經歷過如此多磨難。如果是我，極有可能已經在原地躺好；但 Lala 不但努力爬起來，也同時拉著身邊所有人一起前行，這需要多大的勇氣才能做到呀！

如果你正在人生的低谷，覺得迷惘、不知所措，她的故事也許能幫你一把。讓我們一起透過 Lala 的文字，得到轉念的力量吧！

全方位女星——蘿莉塔

記得剛開始認識她時，以為她就是個在溫室的溫柔公主。直到和她成為好朋友後，聽了她的故事，才知道成長是如此的苦澀。

這本《開始愛自己 全世界都會擁抱你》記錄著Lala的故事。生活中充滿了挑戰和不確定性，她用自己經歷告訴我們，無論面對多大的困難，只要我們願意放下過去，擁抱自己，就能找到幸福的光。

這本書不僅見證她的人生逆轉勝、為人子女的勇氣與堅韌不拔的母性。Lala更想透過自身經歷，對所有正在經歷挑戰、迷茫和自我懷疑的人們、一封剛剛好溫暖的信函。

書裡的每一篇章節，都像一封情書都會觸動讀者的心靈，給予他們力量和希望。用她的故事激勵無數人開始愛自己。

全方位女星——玉兔

剛開始認識 Lala 的時候，被她的身份嚇到，除了看不出來的年紀、私下文靜上節目卻很有趣的反差、還有單親媽媽這個角色。常常看她台北高雄兩邊跑，在台北工作之餘 Lala 就和女兒視訊談心，也被她隨時溫暖人心的南部魂深深吸引著。

在我們這群好朋友身邊，她就是像個大姐姐隨時照顧我們的情緒，非常溫暖。因為 Lala 從小就在外面打工拼事業，吃的苦雖然不少，但學到的更多！她常常都會用很佛系的方式面對突如其來的困境，然後迎刃而解。

我們一定都會經歷人生的低潮，在谷底時默默覺得都不是自己的問題，然後自怨自艾的抱歉運氣不好等等……甚至一蹶不振！如果你也處於這樣的狀態過，你一定要來翻開這本書。書裡不會有華而不實的鼓勵，而是 Lala 一篇篇的人生故事，給你很多的啟蒙跟不屈不撓的態度！

美的不只是外表、而是有趣又勇敢的靈魂，我真的很期待這本書可以幫助到很多正在迷惘的朋友走出現在的難關，迎向更好的未來。也恭喜 Lala 完成她的里程碑！

全方位女星——小優

認識 Lala 就像是照鏡子，我們同年、同鄉，也同樣隻身來到高度競爭的台北打拚，也同時維持一顆熱愛探索世界的少女心。但不同的是，Lala 的過去所承受的，遠比我辛苦的多，但她帶給大家的歡樂，卻絲毫不少。

透過深交，瞭解了她的成長背景刻苦，婚姻又所託非人，當機斷捨離，獨力帶大女兒，一路走來，得是要靠堅忍不拔的意志力，以及勇往直前的執行力，才能夠翻轉人生。

所謂英雄不怕出身低，很多人在成名之後，難免為了維護美好的人設形象，避談過去種種，但她坦然把四十年來，血淚汗交織的人生經驗，分享給處在生命低潮或泥沼中，以為沒有生機的人。女人的韌性是很強大的，她可以，相信閱讀這本書的妳也可以。

全方位財經主播主持人——劉涵竹

和心甯認識了好幾年，她是我這群朋友當中最溫暖的存在，常常體諒著大家、照顧著大家。這麼有溫度的一個人，很難想像過去的她曾經歷過什麼。

原來是曾經受傷過後的人，更能感同身受的去關懷跟替他人著想。也因為這樣，有煩惱或是徬徨時，我們都會找心甯聊天，不論問題是否能被解決，但心靈上總是能得到安定及力量。

我想心甯就是一個燃燒自己的太陽，透過了《開始愛自己 全世界都會擁抱你》來繼續傳達樂觀和祝福，希望你能深深的閱讀這一字一句無形卻強大的力量，經由她的人生故事，能啟發更多平靜跟愛上自己。

全方位女星——巫苡萱

漸漸長大的過程中，不難發現，有些我們以為能自然做到的事，其實是需要用力提醒自己的。

像是長大的過程中，我們得時不時提醒自己，要停止內耗、要持續思考、還有在走過百味的荊棘之後，是不是該開始愛自己了？

一直認為，一個面對誰都能夠樂觀開朗，面帶笑容的人特別不容易，我想 Lala 就是一個這樣的存在，能夠在每一個相遇的場合，第一秒看見她的笑容、聽見她的笑聲、以及向妳伸出來擁抱的雙手。

就是那麼一個富含善意、真誠又沒有偶包的人。其實在這個時代特別的困難，這樣的女人，要嘛沒心沒肺的活著，要嘛是經過了很多困難之後，堅強到不可思議。

推薦大家走入這本書的故事，看看這位可愛又迷人的 Lala 從女孩到女人的經歷，擁抱也被擁抱。

暢銷作家——許允樂

不知道為什麼總是深受巨蟹座的寶寶照顧，身邊圍繞了許多巨蟹座，覺得自己備受關照與寵愛。在演藝事業認識了 Lala，第一次見到她充滿著溫暖，知道她是媽媽還有一個很大的女兒，我驚訝的不是小孩已經這麼大，而是她少女般的外在到底如何保養的哈哈哈！女兒高中，四十二歲的 Lala 完全沒有阿姨的感覺，還是個活潑開朗外向的女孩。

很喜歡她因為我的幾句話就開懷大笑，讓我充滿了成就感！後來私下也會約出來玩桌遊、吃吃飯，越來越熟悉她，才發現熱心的她有什麼資源也會分享給我，也無私地幫我分享我的產品，這點我感激在心。

有一句話是這樣說的，朋友是自己選擇的家人！即使沒有血緣關係還是很關心對方，遠親不如近鄰、出外靠朋友，這些話完全可以放在 Lala 身上（手指愛心）覺得她就像姊姊般的存在，聽過 Lala 的人生故事很榮幸能為她的書寫推薦序。覺得人生一趟有 Lala 這樣的朋友存在，真的好幸運！

百萬人氣網紅——林進

我最佩服也最心疼的女人就是Lala了！從第一次因為工作的關係見面，她對工作敬業又積極的態度，讓我們後來變成無話不談的好姊妹。我欣賞她沒有架子又處處為人著想，有她在的地方就是溫暖和正能量。

Lala在原生家庭裡拿到一手爛牌，在婚姻裡頭也遇到了挫折，獨自扶養女兒長大，這過程還要同時養家、照顧父母等等……每次看她笑笑的分享這麼辛苦的過去，都讓我特別心疼。但又在我心疼她的同時，她都會告訴我所經歷過的，都是成長的養分、人生的經驗、每一步再苦都不會白走。

其實我很佩服四十二歲的美魔女Lala，經歷過這麼多心力憔悴的事情，卻沒有在臉上和身材留下痕跡。我們因為名絢產品而結緣，剛好Lala也很用心在保養這塊琢磨，認真體驗名絢產品後大方的分享名給身邊朋友和粉絲們。她總是帶著所有會變更好、更美、更有力量的心態去分享她的一切。

我從以前就常常開玩笑說：Lala姐，妳的人生經歷和樂觀努力，真的可以寫成一本書，沒有想到總是身體力行的Lala終於圓夢了！這本書是真實故事，是從一個無助的小女孩成長成愛幫助人的大姊姊！我相信這本書一定可以幫助不少在迷途中的人們。

名絢生技執行長——林宣頤．美米

美麗的外表下，最美的是那顆柔韌堅毅又樂觀的心，這份心和態度，貫徹她的每個身分。她是孩子最愛的媽媽，是人前最敬業的Lala，也是陪伴我最好的姊妹。

會和Lala結緣是因為Lala來台中出外景，晚上到樂丘廚房晚餐，零距離的她和我說：闆娘，我還會再帶朋友來吃。過些日子還真的帶一票朋友來捧場。初次見面，被她的熱情和親切吸引，和她帶有距離感的外表形成非常大的反差。

我們喜歡常常把孩子掛在嘴邊，也喜歡用行動讓愛在世界上循環，同為母親，我欣賞她用最溫柔堅強的態度，面對充滿荊棘的生活，即使這過程生活不給她好臉色，在她臉上仍然找不出一絲不悅。

就是這樣的心窩，讓我深深被她的溫暖吸引著，就像艷陽下綻放的花瓣傲而不驕。大家一定要收藏這本書，隨時為為生活補充正能量，時時刻刻都能美麗出發。

樂丘廚房／泰丘鍋物執行長——Viola

還記得第一次看到蘇心甯的新聞，很難想像笑容滿面的她有這麼辛苦的經歷。得知她實際年紀更覺得需要找這位逆齡生長的女藝人合作。首次合作是公司主力的產品，當時只是單次的合作，蘇心甯對於商品的堅持、素材的細節都很要求，甚至她還每天實測來做報告，讓我印象非常深刻，這樣的敬業在當時是非常少見的！以至於後續公司持續與她開啟長期且堅固的合作關係。

認識蘇心甯也有四年多的時間，這次很榮幸受到邀請，可以站在一個朋友的身份替她書寫推薦序。總是帶給大家歡樂、開朗、正向的她，其實經歷了非常不容易的過去。無論是在求學階段、婚姻、甚至是職場，都遭遇許多挑戰和挫折⋯但這些都積累成茁壯且剛強的生命力，造就了她對於『擁有』的珍惜，不會對任何的收穫視為理所當然的謙卑，也讓公司所有和蘇心甯接觸過的同仁非常讚賞！

這是一本非常值得閱讀的書，尤其是每一位正面臨低谷挫折的人，書裡的每一段文字，都能給人不同的力量以及同理心的鼓勵。在這個社群蓬勃發展的時代，我們總是容易被大家塑造的形象以及表象給蒙蔽，卻忽略了在這些光芒背後，是許多獨自面對黑暗，遭遇挫敗卻依然前行的勇氣，就如同英國首相邱吉爾說的：「成功並非終點，失敗也絕非末日，重要的是繼續前行的勇氣」。

台灣綠金家園 GDTW 執行長——許宸

Chapter 1

你的出生，不能決定你是誰！

童年會下雨的房子

Dear Lala

我是妳的粉絲，今年23歲，從小生長在一個經濟條件十分拮据的家庭。我們家沒有客廳，全家的生活幾乎都圍繞著那一張舊床，學校的各種活動，總是因為經濟原因而無法參加。這樣的生活環境，讓我從小就形成了一種怯懦和害羞的性格。

每當我看到同齡的朋友們自由地參與活動，穿著他們喜歡的衣服，就會感到一種難以言喻的失落和自卑。我害怕別人發現我的背景，擔心一旦他們知道了真實情況，就會對我有所偏見。因此，我學會了躲避，學會了用謊言來掩飾我的不安和恐懼。

但是，我不想讓這段艱苦的過去，繼續影響我的未來。我夢想著變成一個自信、開朗、人見人愛的女孩，我想要擁有朋友，參與聚會，我想要真正地活出自我。我知道，這條路不會容易，但我渴望改變，我願意為了更好的自己去努力。

我知道，外在的改變需要內心的轉變作為基礎。我想要學習如何克服自卑，如何面對自己的過去而不是逃避。怎樣才能夠真正地接受自己，並且擁抱一個全新的我。我希望妳可以給我一些建議，幫助我找到從陰影中走出來的路，在這條成長的道路上，找到屬於自己的光芒。

kelly

Hi Kelly

妳好。

在閱讀你的信件時，我心中湧起了複雜難言的情感，它們像是五光十色的泡沫，既有共鳴，也有感慨。我深深地理解你的心情，因為它讓我回想起自己那段並不富裕的童年歲月。

記得小時候，每當天空布滿厚重的雲層，預示著即將下起雨來，我總是帶著一絲莫名的期待。那種期待來自於一種獨特的家庭儀式—迎接雨水的到來。我會興奮地對著爸爸媽媽喊著：「外面要下雨了！」然後迅速而熟練地與妹妹一起，準備接雨水的「戰役」。我們家裡的每一個可以盛水的容器，不論是大水桶、臉盆，還是杯子、碗，都會被我們派上用場，整齊地排列在滴水的地方。

這樣的生活，對我來說已經變得司空見慣。下雨天，竟成了我心中的小確幸。因為在那雨水聲中，我看到了一個家庭共同努力的畫面──一個平時不太說話的爸爸和媽媽，會因為這個共同的目標而團結起來，這成了我記憶中，他們對家庭表達愛的一種方式。

我的家庭，自從我有記憶以來，就一直生活在這樣一個「會下雨」的房子裡。潮濕的衣櫥總是白蟻的天堂，每一扇窗戶玻璃都和膠帶有著不解之緣，沒有一扇是完整無缺的。到了晚上，我們一家四口──爸爸、媽媽、妹妹和我，會擠在那張僅能容納兩人的床上。那時候的我，天真地以為，這樣的生活是每個人的日常。

在我國小四年級的時候，有一次難忘的經歷深刻地印在我的記憶中。那是我第一次被邀請到同學家中作客，對於從未踏入過同齡人家門的我來說，那天充滿了新奇和期待。

放學後，我懷著興奮又緊張的心情，跟隨著同學來到了她的家。當我踏入那扇門，第一眼所見的奢華景象讓我驚訝得幾乎說不出話來。我不禁在心裡反覆問自己，這是某位有錢人家的千金小姐的家嗎？亦或是總統或高官的女兒？眼前的一切，對於我來說，簡直像是另一個世界。

她家的客廳中央懸掛著一盞巨大且璀璨的水晶燈，光芒四射，宛如閃耀的鑽石，將整個空間照亮得如同白晝。長長的餐桌覆蓋著精緻的蕾絲桌巾，上面擺滿了琳瑯滿目的美味─可樂、餅乾、炸雞腿和蛋糕，每一樣都讓我眼花繚亂。而客廳角落的鮮花插花散發出淡淡的芬芳，營造出一種輕鬆而優雅的氛圍。更讓我驚訝的是，兩隻穿著蕾絲裙的貴賓狗，它們的打扮竟然比我還要精緻。

我下意識地低頭看了看自己的衣服，那是表姐不要的二手衣，經媽媽手中縫補過的痕跡清晰可見。那一刻，我首次感到了自己的不足，心中湧起了一股前所未有的自卑感。我用左手緊緊抓住衣角，生怕別人發現我的小秘密。

在我幼小的心靈中，總以為世界上每個人的家都和我的一模一樣。那是一個沒有比較，因而也沒有傷害的純真時代。然而，當我首次踏入同學的家門，那份純真便被現實的差異所打破。我驚訝地發現，原來每個家庭都有著自己獨特的面貌。瑰麗的色彩、芬芳的香氣、精緻的擺設，這一切都如夢境一般，引領我進入了一個全新的世界。

那一天，我心中種下了夢想的種子。我開始渴望擁有一個屬於自己的美麗空間，穿上漂亮的洋裝，享受美味的食物。但我從未向爸爸媽媽提起這些願望，因為我害怕這會讓他們感到悲傷，知道他們給不了我這樣的生活。

Kelly，我們的起點雖相似，都是從一個不由自主選擇的原生家庭出發，攜帶著一份並不完美的童年。然而，正是這段路程，磨練了我們的韌性和勇敢。那些過去的苦難，其實是雕塑我們堅強性格的工匠。勇敢地邁出改變的步伐，擺脫過去的枷鎖，我們將會看到一個充滿廣闊可能的全新世界。這段成長的旅程，充滿了學習和自我發現，是我渴望與你共享的珍貴經歷。讓我們滿懷希望，一同迎接那未知但光明的未來，發掘那些屬於我們的美好時刻。

陪你突破難關，找到成長勇氣

心窗語錄

許多網友曾詢問我如何改善經濟狀況。基於我從小四處打工的豐富經驗，我認為提升經濟狀況不僅僅是勤勞工作，更重要的是學會開源與節流。開源的關鍵在於，從日常生活中挪出一些娛樂和休閒的時間，投身於新的工作領域進行所謂的「斜槓」。

賣二手衣物是我特別喜愛的一種方式。小時候，我曾認為穿二手衣是一種不得已的選擇，但長大後我意識到，二手衣物不僅環保，還蘊含著商機，可以變現和節省開支。學生時期，我通過奇摩拍賣賣出二手衣物賺取零用錢；成為母親後，在蝦皮購物售賣我和孩子的二手衣物以增加收入；即便成為網紅和藝人後，我仍然舉辦實體名人二手衣物拍賣會。我不僅將自己的二手衣物轉賣，也購買他人的二手衣，充分利用二手資源。這就是我通過開源節流來改善經濟狀況的方法。

家暴

爸爸為什麼要媽媽去死

Dear Lala

在我心中曾經憧憬著找到一位能共度一生的伴侶，雖然現實了，但卻帶著我步入了一段充滿家暴的恐怖婚姻。這不僅讓我身心受到極大的創傷，也無情地撕開了我童年原生家庭的舊傷痕。

我從小生長在因賭博而摧毀的家庭，爸爸的賭癮讓我們失去阿公留下的房地產。不僅財產盡失，還背負著沉重的賭債。他日復一日地沉迷於賭博之中，不願工作，常常酒後回家，向我媽媽索取金錢，一旦遭到拒絕便暴怒摔家具，經常驚動鄰居報警。向媽媽要不到錢時，便會對我和弟弟大聲地斥責，媽媽為了保護我們挺身而出，結果卻換來爸爸的拳打腳踢。媽媽常被打至鼻青臉腫、衣衫襤褸，情形極其狼狽。我和弟弟曾多次勸說媽離開這樣的生活，帶著我們遠離這個充滿暴力的家，但她總是含淚告訴我，如果我們離開，這個家就真的不存在了。她堅信只要她還在，就會盡力守護這個家庭，讓我們不必擔憂。

我不想向媽媽一樣的傻，只想要堅強愛護自己、珍惜自己。我深知，我必須要勇敢地從這段家暴的陰影中走出來，重拾自我價值和尊嚴。因此，想請Lala給予建議，幫助我找到那條通往陽光的道路，讓我能夠重啟一個無暴力、充滿愛與希望的新生活。

零

Hi 零

妳好。

讀完妳的信，心裡五味雜陳。感同深受妳的心情和恐懼，同時也勾起了童年那份無力和恐慌與回憶。

從記憶的最初線索串聯起來，家裡的畫面總是染著勞碌的色彩。媽媽是家中的經濟支柱，身兼數職，從保險、直銷、地攤賣衣服，到家中細緻手工刺繡的工作，她的身影從未停歇。

她的刺繡，展現了無與倫比的巧思和耐心。我擁有的每一個枕頭和手帕，都有媽媽繡著各式各樣的圖案：溫暖的史努比、憨態的查理布朗、活潑的櫻桃小丸子，以及各種繽紛的小鳥、水果和花朵。媽媽還會巧妙地利用曬乾的茶葉作為枕芯，使得我的夜晚伴隨著淡淡的茶香入夢。每當更換新的枕頭套，那一刻的新鮮感與喜悅，便是我童年最純粹的幸福。

媽媽的手不僅巧，更有著讓人敬佩的力量。她甚至自學電繡技術，為學校的同學們繡上好看的學號。記憶中，那時繡上一個字的價格是五塊錢，價格之親民，讓我成為邀約同學的小使者。即使夜幕低垂，媽媽仍舊堅守在她的工作台前，她的背影，在我眼中，宛如一位不知疲倦的女戰士。我的童年，便是在媽媽那持續不息的裁縫機聲中，一夜又一夜地沉沉睡去。

我的爸爸對工作並不熱衷，生活中最大的樂趣莫過於沉浸在泡茶與品酒的小確幸。他泡的茶，總是遠超過能賣出去的量，對於賺錢這件事，顯得漫不經心。從媽媽口中得知，爸爸出生於一個富裕之家，周遭圍繞著一群吃香喝辣的朋友，從小便過著公子哥的生活。他從未真正了解養家糊口的辛勞，更對金錢的來之不易毫無概念，更不知道錢這個東西不守不理，有一天一定會花光。

投資失利，加之被友人欺騙，這些挫折讓他一蹶不振。親朋好友，因他不斷的借錢請求而逐漸疏遠。回家的腳步總是踉蹌，醉醺醺的身影，帶著令人不悅的氣息，粗魯地動作，沙啞地咆哮聲，每每讓人避之唯恐不及。

記憶中，家中爭吵幾乎離不開金錢的話題。我們居住在三層樓半透天厝，奶奶住在二樓，我們住在三樓，三樓後方的陽台，是爸媽爭吵的常發地，吵鬧聲總是在那裡迴盪，成了我最不願踏足的地方。那些關於金錢的爭執，成了我童年最恐懼的記憶。

那是一個讓心靈永遠烙印傷心的夜晚，家中再次響起了我和妹妹再熟悉不過的吵架聲，但這一次，媽媽的尖叫聲劃破了深夜的寧靜。我緊緊握住妹妹的手，一同奔向那個充滿陰影的陽台，目睹了一幕讓人心驚膽顫的場景：爸爸，竟然手掐媽媽的脖子，似乎要將她推出陽台深淵！

驚恐中，我們跪地抱住媽媽的雙腳，眼淚與哀求交織，懇求爸爸停手。那一刻，時間彷彿停格，我們持續的哭喊，直到筋疲力盡。醒來時，我還以為只是個噩夢，直到看見媽媽身上的傷痕，那刺骨的真實，讓人再次地驚醒。

隨著歲月的流逝，家中的暴風雨也不見平息。爸爸的酒醉與暴躁，成了我們日常的一部分。幸運時，只是摔碎幾個杯子；糟糕一點，則是家具們遭受橫禍。次日清晨，我和妹妹便肩負起整理殘局的重任。在這樣的環境下長大，奶奶的話語成了我們的慰藉，奶奶總是說：「即便一切如此，爸爸仍愛著我們，他畢竟是我們的爸爸。」那時的我們，似乎早已被「愛」與「親情」的重壓所綁架，學會了在混亂中尋找安慰。

長大後，每當我向朋友們娓娓道來這段往事，總會被問及，為何媽媽不選擇離開呢？事實上，在我小學一年級、妹妹大約五歲的時候，她曾經試圖離開。媽媽在經歷了一次嚴重的家暴之後，某個晚上特意為我們熬煮雞湯，囑咐我和妹妹一定要喝完。那時候的食慾並不好，喝了一碗便覺得飽了。但看著媽媽含淚的眼神，我們決定勉強地將雞湯喝完，僅僅為了不讓她傷心。

那一晚之後，家中便失去了媽媽的身影長達三天。當時年幼的我們，天真地以為媽媽出門工作去了。我們掛念著媽媽，卻不敢向爸爸吐露一字。後來才知，媽媽原本決意離家出走，卻在三天後因思念難耐，偷偷返回，只為遠遠窺視我們。

媽媽回來時，發現我和妹妹三天來的模樣未曾改變，只是髮型更為凌亂，衣物更加骯髒。當她出現在我們眼前時，我們以飢腸轆轆的身軀，哭喊著奔向她的懷抱。那一刻，三個人緊緊相擁，淚水交織。我和妹妹的淚水，是因為久違的重逢；而媽媽的淚水，則是對我們狼狽狀態的心疼與不忍。她最終決定，無論面對何種困境，都要留在這個家中，為了我們忍受一切。她知道一旦她離去，將不會有人像她一樣，無微不至地照顧我們。

在我幼小的心靈裡，對於家中反覆不斷的爭吵與暴力，我無力改變，只能在心底默默承受。心中總默默許下願望，希望未來能夠為媽媽做些什麼。在此，我想對媽媽說聲謝謝：「感謝您對我們無條件的愛」從小見證為了家庭的堅韌與不懈，成為我性格上的榜樣。我學會了堅強，即使面對困難，也從未放棄。

陪你突破難關，找到成長勇氣

心甯語錄

面對家庭暴力，我們絕不能以傳統思維去妥協。那種為了家庭表面的和諧而選擇忍耐、原諒、再給機會的態度，實際上只會助長加害者的氣焰，使得許多家庭的狀況愈發嚴重。

家暴，指得是家庭成員間發生的身體、精神、經濟等層面的騷擾、控制、威脅或其它形式的侵害。當家庭暴力發生時，首要任務是確保自身的安全，並立即撥打「110」報警，確保獲得及時的保護。

如不幸受到傷害，應儘速就醫，要求醫生出具傷情證明，同時收集任何可能的施暴證據。此外，也可以撥打24小時的家暴保護專線「113」，尋求專業諮詢與支援。各地政府設有家庭暴力防治中心，提供一系列的援助服務，如庇護安置、法律諮詢、醫療和經濟支持、心理輔導及就業指導等。

在我們當下的時代，網絡與社會資源豐富，與我和媽媽所處的年代大相逕庭，那時我們幾乎無法接觸到這些支援渠道和自我權益的概念，因此錯過了許多重獲新生的機會。家暴所帶來的心靈創傷和自卑感，其實是深入骨髓的。坦白說，我投入了大量的時間和努力，才逐漸學會「我值得被好好對待」這一課。後面的單元文章，我們再深入探討學習愛自己的重要性。

自卑

家人不知道我在學校的生活

Dear Lala

寫下這封信，是我多年來首次勇敢面對自己的過去，也是尋求幫助的一步。從小在學校，我經歷了無情的身體與心理霸淩，他們嘲笑我的瘦小身材，藉機恐嚇要脅我幫他們跑腿買東西，那些日子裡的陰影，像是一道道刻骨的印記，緊緊纏繞著我的生活，即使時光流轉，我已步入職場，那段經歷仍深深影響著我。

我在職場上經常感到缺乏自信、怯懦不前，對於人際交往感到畏懼，總是擔心自己會再次受到傷害。這使得我難以建立穩定的人際關係，更不用說交到真正的朋友。每當團隊合作時，我總是那個旁觀者，害怕自己的言行會成為他人討論的焦點。這樣的我，時常感到孤獨與無助，彷彿生活失去了色彩，我迫切希望能找回生命的意義，重新擁抱快樂與開心的日子。

我明白，要從過去的陰影中解脫，找回自我，是一條漫長且艱辛的路。期盼可以得到 Lala 的協助，無論是聆聽、建議，還是分享妳克服困境的經歷，對我來說都是莫大的鼓勵。我渴望學習如何重新建立自信，如何勇敢地面對人際交往，並且學會如何享受生活的每一刻。

謝謝妳願意聽我說，並在我人生的旅途中伸出援手，衷心期盼著你們的回音。一個渴望重新找回生活色彩的朋友。

志宏

Hi 志宏

在那不太注意關照清寒與弱勢家庭的年代裡，我家的經濟狀況成為了我在學校社交圈中顯著的異類。每逢需要繳納學費或其它班費時，我總是拖到最後一刻，這不僅讓我失去了與同學們共同出遊的機會，連那看似每位學生都期待的畢業旅行，對我來說，也只能是遙不可及的夢想。這種窘迫的處境逐漸讓我在同儕中被邊緣化，成了嘲笑與排擠的對象，孤立無援的我只能默默承受，期盼著未來能有所改變。

生活在簡陋的日子裡，家中年久失修的屋頂在每次雨水侵襲時都會漏水，這讓我身上的衣物總帶著刺鼻的潮濕味。身著表姐不再需要的二手衣服，在同學中顯得格外不同，成為了他們嘲笑的對象。從小學一直到初中，我的校園生活似乎都糾結在這樣的困境中，未曾有絲毫變化。班上那些穿著精致、容貌可人的女生，總是帶著厭惡和嫌棄的目光看待我，她們冷漠的言語如尖刀般刺入心扉，使我深感孤立無援，獨自承受著那份來自四周的冰冷與壓抑。

我發現自己變得越來越沒有自信，性格變得自卑而膽小，時常感到無助和恐懼。瘦弱的我成為了同學們惡作劇的目標，記憶中尤為清晰的是在國中二年級那年，一場惡意的玩笑讓我從椅子上摔下，不幸受傷。那次事故對我造成了長期的影響，迫使我多次尋求整椎師的幫助，最終得知尾椎骨碎裂的嚴重診斷。從那時起，腰痛便成為我不可避免的日常，一直伴隨我成長至成人。這段經歷不僅是對身體的考驗，更是對心靈的淬鍊，讓我學會在逆境中尋找堅強的力量。

我的校園生活似乎完全被輔導室的四面牆所圍繞。然而，在那灰色的日子中，總有溫暖的陽光透過雲隙照亮我前行的道路。我衷心感激充滿關懷的蘇老師和輔導主任，他們不僅是我的導師，更像是生命中的守護者。他們用鼓勵和關愛撫平我的創傷，讓我在漫長且充滿挑戰的日子中看見了希望的光芒。正是因為有了他們，我才能堅持下去，逐步從陰霾中走出，找回自我價值和生活的意義。

成長的旅途，充滿了坎坷與挑戰，每一次跌倒不僅教會了我堅韌不拔，也讓我學會了珍惜生命中那些給予我力量和勇氣的人。每滴淚水，都是我成長過程中寶貴的記憶，讓我更加懂得感激與珍惜。雖然過去的日子裡，我曾經迷失於絕望的深淵，但正是那些艱難的時刻，雕琢出今天更加堅毅、更懂感恩的自己。現在回首過去，那些曾讓我心碎的經歷，已變成我人生道路上寶貴的資產。我學會了以更加開闊的心態去面對人生，因為明白每一段經歷，無論甜蜜或苦澀，都是塑造我今日自我的重要養分。

心窩語錄

陪你突破難關，找到成長勇氣

衷心地呼籲校園的學子們，切勿將欺凌與傷害他人當作一種遊戲或消遣。如果你正承受不公平的對待或是校園中的霸凌，請勇敢地向周圍的大人和老師尋求援助。

我們所處的時代，教育系統提供了豐富且多元化的反霸凌資源，我們決不能因為恐懼而選擇沉默，正如我在過去，因為害怕而默默忍受，不敢表達自己的痛苦。身體的傷痛可能會隨著時間得到癒合，但心靈的創傷卻需要漫長的時間才能痊癒。

呼籲大家在面對不公與霸凌時，一定要勇於站出來，主動尋求幫助，保護自己，避免讓心靈受到長期的傷害。讓我們共同努力，創造一個更加友善和諧的學習環境，讓每個人都能在無懼的環境中成長與學習。

單親

妳要跟爸爸還是跟媽媽

Dear Lala

您好。我來自一個單親家庭。我的爸爸在我很小的時候就過世了，留下了我和媽媽相依為命。自從爸爸離開我們之後，媽媽似乎失去了生活的方向，她不再外出工作，也漸漸忽略了對家庭的照顧。在這樣的家庭環境下，我從小就體會到了生活的艱難，雖然有外公外婆和鄰居的幫助，但我和媽媽仍然面臨著生計的困境，有時候甚至不知道下一頓飯在哪裡？

現在我已經升到國中三年級，我知道僅憑一己之力，要改變目前的困境並非易事，但我不願意放棄。我計劃在升入高中後半工半讀，白天工作賺取生活費和學費，晚上則專心唸書，這樣既可以照顧到媽媽，又不會耽誤我的學業進步。我有信心，通過自己的努力，上大學後可以申請到獎學金，同時也會努力工作，改善我和媽媽的生活狀況。

Lala，面對這樣的人生困境和未來的不確定性，內心免不了有些許的迷茫和恐懼。我渴望得到妳的鼓勵和建議，希望未來可以跟妳一樣的優秀、一樣的好，希望妳能給予我一些寶貴的意見，幫助我更加堅定地走上這條充滿挑戰的道路。我相信有妳的文字陪伴，我能夠勇敢面對前方的艱難，不斷奮進，最終實現自己的夢想。

葳葳

Hi 葳葳

那年我國中二年級，一場家庭風波再次上演。爸爸的怒火，這次點燃的導火線竟是媽媽的直銷工作。媽媽時常向鄰裡推銷家用品，尤其是隔壁的一位阿伯，成了她的常客。然而，爸爸對此感到不悅，無端的嫉妒讓他大發雷霆，斥責媽媽忽略家務、過於親近鄰居。面對爸爸的不理解，媽媽終於爆發，堅定地回擊道：「如果不是我與鄰居交流推銷，我們家哪來的溫飽？你又何曾努力工作為家庭貢獻？我之所以如此努力，全是為了這個家的生計，今天卻要受到你的質疑與指責！」那一幕，深刻地烙印在我的記憶中，媽媽的堅強與不屈，讓我感到既心痛又敬佩。

那天晚上，家中再次演繹了悲劇的一幕。媽媽試圖解釋自己的苦衷，卻在爸爸堅定的大男人主義觀念下被視為頂撞；隨即，媽媽留下了一身的傷痛。那一刻，我看著媽媽被傷害的模樣，心如刀割，再也無法壓抑內心的情感，含著淚對媽媽說出了心底的話：「媽，其實妳完全可以選擇離開爸爸，我已經長大了，能夠照顧妹妹。」那是我第一次看到媽媽哭得那麼淒慘，我的話像是觸動了她心底最深處的痛苦，也許對她而言，這是久違的解脫與釋放。那一晚，我們相擁而泣，彼此的淚水交織成了無言的安慰與堅定的承諾，共同面對未來的未知與挑戰。

隔天，媽媽鼓足了勇氣，向外公和舅舅坦白了她的決定—結束這段婚姻。於是，父媽媽的離婚成為了我們生活中的一個轉折點。當被問及我和妹妹願意跟隨誰生活時，妹妹毫不猶豫地表示她只想跟著我。妹妹的話觸動了我十四歲的心，激發了我對家庭的責任感，竟讓我感受到一種超越年齡的母愛。

我深知爸爸平日裡不太工作，若無人照顧，可能會生活無依。

這份突如其來的母性情感，讓我決定留下來照顧爸爸，以及這個原本充滿溫暖回憶的家。這個選擇，雖然讓我承擔了超越年齡的責任，但也教會了我如何堅強面對生活的挑戰。我希望透過我的努力，讓這個家重新找回一絲幸福和平靜，即使路途遙遠且充滿未知。

在那個決定家庭命運的時刻，爸爸提出了一個讓人無法理解的要求——以五十萬的金額，作為同意離婚的條件，聲稱這是為了我和妹妹未來的生活及教育費用。然而，媽媽長期以來的辛勤賺錢，都是為了維繫家庭的基本生活，根本無暇儲蓄。為了讓離婚過程順利進行，媽媽不得不向外公和阿姨求助，勉強湊齊這筆錢。理應為我們帶來一絲生活改善的五十萬，卻在爸爸手中轉瞬即逝，他將之全部拿去賭博，不到三天就一筆勾銷。

這件事不僅加深了我對生活的無力感，也讓我對爸爸的行為感到極度失望。媽媽和家人的無私付出，以及爸爸對這份犧牲的輕率處理，都深深影響著我和妹妹的心。面對這樣的家庭背景，我們更加明白，未來的路，需要我們更堅強、更獨立地去走。

記憶中，父母剛離異之際，爸爸曾嘗試踏入工地工作，聽聞那裡的薪資相當豐厚。他滿懷期待地購買了一頂工地安全帽，卻僅在那裡堅持了短短一天，便因工作的艱辛而選擇放棄，聲稱那份工作的辛勞超出了他的想像。當時年紀還小的我，也沒有想太多，心裡只想著，如果爸爸覺得太累，或許我應該站出來代替他承擔照顧這個家。於是，為了照顧爸爸，我開始了自己的打工生涯。

那是一段充滿挑戰的日子，我們學會了早早地承擔起成年人的責任，儘管過程中遇到許多艱難與不易，但這一切也讓我們逐漸變得更加堅強與獨立。在那個年紀，我學會了生活的意義不僅僅是避免辛勞，更多的是面對挑戰，勇敢地承擔起家庭的責任。

心窗語錄

我有一位經歷與我相似的單親家庭朋友，我們在分享各自的成長故事時，她講述了她高中時期的一段經歷。那時，她的父母正處於激烈的離婚爭吵中，面對大人的詢問，希望瞭解她和弟弟的選擇，她的弟弟選擇了和她在一起。而她則表示，她不願意選擇跟隨任何一方，也不希望有人跟隨她，她渴望的是一個更獨立的生活空間，於是決定住校，請求外婆幫助處理住校的相關手續。分享這段故事時，她還笑著說她才不會像我一樣「傻」，選擇背負過重的責任。透過她的故事，我看到了面對困境時不同的處理方式和對獨立生活的渴望。

直到成長後，我才深刻體會到，並非每個人天生就擁有濃厚的母愛和對家庭的責任感。如果你和當年的我一樣，在面臨重大選擇時感到迷茫，不知如何做出最佳決定，那麼，請試著聽從內心的聲音。要堅信，所有的艱辛和努力只是暫時的，當你經歷一段時間的奮鬥與成長後，你自然會明白，何種選擇才是最適合自己的。人生路途中，我們會遇到各種選擇的關卡，學會順應內心，相信自己的判斷，才能找到屬於自己的道路，走向更加成熟與明智的未來。

14歲開始養家

童工初體驗與洗頭小妹

Dear Lala

在家裡排行老大，五個孩子中的長女，我承擔了不少責任。

我的父母學歷不高，但他們總是盡全力工作，希望能夠撐起這個家。可是，即使他們再怎麼努力，收入依然有限，很難滿足家庭的所有需求。因此，我從國中開始就出來做美髮學徒，希望能夠為家裡分擔一些經濟壓力。

現在，即將高中畢業，面對未來，感到非常迷茫和惶恐。我不知道自己應該如何規劃未來的道路，也害怕自己做出的選擇會不會是錯誤的。在學業和家庭責任之間，我一直在努力尋找平衡點，但對於未來的職業生涯，我真的沒有太多的思考和準備。

我希望能夠聽到Lala的成長故事，在父母離異後如何調適自己並且能夠兼顧照顧家庭。可以以過來人的身分，給我如何面對未來、如何規劃職業生涯的一些建議。妳總是能夠給予我們這些鐵粉們正面的能量，讓我們有勇氣面對困難和挑戰。期盼您的回覆。

Lulu

在我十四歲那年，我的第一份打工經驗是在距離家兩條街道之遙的某某冰城，一家以綠豆沙和各式冰品聞名的店鋪。帶著一份不安和期待，我鼓足勇氣去面試，最終獲得了進入試用期的機會。然而，由於我體力不足，經常挖不出完美的霜淇淋球，而且害羞內向的性格使我難以大聲迎接顧客。當時的我，心中充滿矛盾：一方面有著賺錢養家的決心，另一方面卻缺乏與人交流的勇氣。這份工作迫使我不得不面對自我，進行痛苦的成長。回想起來還是很佩服自己走到現在。

那段日子，我經常與自己對話，提醒自己身負重任，必須勇敢站出來。為了讓自己變得更加堅強，我開始在家裡練習大聲地喊著「歡迎光臨」，並嘗試站在腳尖，利用全身的力量往下壓，努力挖出完美的霜淇淋球。雖然手法生疏，但我對於老闆的每一個指導都非常珍惜，願意學習。就這樣，我克服了種種困難，終於迎來了第一次領取薪水的日子。

然而，當老闆發現我只有十四歲時，他非常驚訝。雖然稱讚我認真且乖巧，但也無奈地告訴我，由於法律規定，無法繼續雇用未成年的我，否則店鋪會面臨重罰。當時，我才意識到自己無意中成為了「童工」。儘管心中有些失落和不捨，但這段經歷給了我寶貴的勇氣和自信，讓我明白只要努力，就沒有克服不了的困難。

當時，四阿姨得知我在打工後，瞭解我的處境之後，給了我一條寶貴的建議：「女孩子掌握一技之長是非常重要的，這樣在未來面對任何挑戰和困難時，都能有一技在身，至少不至於挨餓。」隨後，她還介紹我到隔壁巷子的一家髮廊當學徒。在那裡，我不僅可以學習專業的技能，而且作為學徒也不會有非法童工的顧慮。我感到十分振奮，覺得這是一個既能學到真正技能，又能合法工作的絕佳機會。我深深感謝四阿姨的關照，讓我看到了一條更明亮的未來道路。

當時，洗一顆頭的收入僅有二十元，讓我深刻體會到賺錢的不易。為了能夠積攢更多的錢來支持家庭，我開始節省下每天一百元的餐費，每月就能額外地存下三千元。那時候的我，雖然生活節儉，但心中滿是希望與計畫，堅信著只要勤奮努力，就能為自己和家庭帶來更好的未來。

為了節約開支，我找到了一個既簡單又實惠的方法來解決一日三餐的問題：「選擇當時價格相當低廉的芭樂，以及一些麵包店不要錢的吐司邊來充飢。」那段日子，我幾乎每天的飲食都是這些簡單的食物。自卑感過重產生好強個性的我，都會假裝我不餓，雖然對外總是一副自信滿滿，但那份不得已的傲氣背後，只有我自己清楚，實際上是相當厭煩這種單調的飲食。每當回想起那個時候的自己，不禁會覺得有些好笑。

髮廊的老闆娘小萍阿姨總是默默關心著我，她的細膩舉動讓我深深感受到了家的溫暖。她經常會買豐盛的便當，裡面有營養豐富的魚、肉、蔬菜和白飯，然後以減肥為由，邀請我分享她的便當，說是因為她吃不完。聽到這樣的理由，我總是半推半就地接受了這份關懷，心裡暖洋洋的。除此之外，小萍阿姨還會親手煮湯，並溫馨地分享給我，這些湯品不僅滋養了我的身體，更滋潤了我那時脆弱的心靈。她的這份關懷，如同冬日裡的一抹陽光，溫暖而明媚，驅散了我心中所有的寒冷與孤獨，讓我在艱難的時刻感受到了滿滿的愛與支持。

小萍阿姨不僅在我最需要溫暖的時刻給予我關懷，她還教導我許多人生的智慧。像是提醒我不要被親情所束縛、避免過早談戀愛、學會為自己而活，以及必須有自己的小金庫等等。這些觀念在當時的我耳中聽來，充滿了顛覆，讓我感到一絲的不安和反抗。我總是以一種幾乎是排斥的心態，聽著小萍阿姨的忠告，心裡暗自認為如果真的按照她說的去做，豈不是對家人的不忠，對自己的背叛？

但隨著時間的流逝，我逐漸長大，開始懂得小萍阿姨的良苦用心。她的話，讓我明白，學會獨立思考和為自己的未來負責，並不代表背叛，而是成長的必經之路。現在回想起來，我對小萍阿姨的每一句話都充滿了感激，她教會了我如何在這個複雜的世界中，勇敢而睿智地前行。

陪你突破難關，找到成長勇氣

心窩語錄

「童工」指的是在職場中僱用未滿十六歲的兒童。根據勞動基準法的規定，若雇主聘用童工或十六歲以上未滿十八歲的青少年，必須嚴格避免讓他們從事有危險或有害的工作。更為重要的是，雇主必須取得其法定代理人的同意，並備齊年齡證明檔，以符合法律的要求，確保兒童和青少年的安全與權益得到妥善保護。

在未滿十八歲的學齡階段，「童工」現象對孩童的成長確實會造成一些負面影響。這不僅會干擾他們正常的學業進程，而且在精神、身體、社交及道德層面對孩童的基本權益造成侵犯。童工在工作中，由於其思維邏輯尚未成熟，可能會面臨工作傷害、受到欺負，甚至在誘導下做出對自己不利的決策。國際多個組織均將僱用童工視為對學齡兒童的剝削行為，強烈譴責此類作法。因此，全球各地的立法機關紛紛制定法律，嚴格禁止雇用童工，以保障兒童的學習與成長不受妨礙，確保他們擁有一個健康而充滿機會的童年。

儘管全球普遍禁止雇用童工，現實中仍有不少兒童因家庭困境或其他不得已的原因被迫投入勞動市場。這些被迫早熟的童工們，更需學會如何自我保護，堅守自己的權益。若在工作過程中遭遇不公或感到不適，強烈建議立即向周遭的成人、教師、員警等求助，不要獨自承受。社會各界應共同關注並提供必要的支援，確保這些童工的安全與權益，讓他們有機會擺脱困境，追尋更美好的未來。

15歲被限制的成長

原來我的爸爸並不愛我

Dear Lala

我在電視上看到妳談及原生家庭的故事，給了我很多想法和能量，也讓我很佩服妳的勇敢和堅毅。今天，我滿懷著煩悶和無助，寫下我的故事，希望能從您那裡獲得一些啟發和鼓勵。

在我們家，孩子眾多，父母一直渴望有個男孩來傳宗接代。直到弟弟的出生，他們才停止生小孩的計畫。弟弟的到來，讓他成為了家中的寵兒，所有的資源和期望都集中在他一個人身上。而我和妹妹們，從小就被告知要幫忙家計，半工半讀，將打工賺來的錢投入弟弟的教育和未來發展上。父母總是強調，家裡只有一個男孩，必須要全力栽培他，而我們幾個女孩子則不需要接受太多教育。

當我高中畢業後，父母甚至明言不讓我和妹妹們繼續念書，這讓我深感心寒和絕望。在他們的觀念裡，我們的未來和夢想似乎不重要，只有弟弟的成功才是家庭的唯一目標。

面對這樣的家庭環境和壓力，我真的感到非常迷茫。我渴望繼續學習，追求自己的夢想，但父母的態度讓我不禁質疑，難道努力讓自己過得更好，追求學業上的進步就是一種自私的行為嗎？我不希望放棄自己的未來，但也不想在家庭中成為一個「不孝的女兒」。可以分享妳的親身經驗嗎？我現在感到非常迷茫，希望能得到您的幫助。

Eva

Hi Eva

深切地理解你所承受的心情波動，以及面臨的不公平處境。我曾經也遭遇過類似的困境，那段日子對我來說充滿了挑戰與難過。

在國中畢業的前二、三個月，我有著既興奮又焦慮的心情。除了要負擔家中的生計與房租外，還需要為即將到來的高職夜間部學費進行積極的存錢。我已經做出了決定，要在白天繼續我的打工生涯，這樣一來，我才能兼顧工作和學業，盡我所能地為自己的未來鋪路。

在那段忙碌的日子裡，我身兼三職，不僅在髮廊繼續我的學徒生涯，假日更加入了泡沫紅茶店的行列。當時，手搖飲料店多以流動餐車的方式經營，這意味著每天都需要提早到達，開始繁瑣卻充滿樂趣的準備工作：熬煮各式各樣的茶，從紅茶到綠茶，再到圓潤飽滿的珍珠，每一項配料的準備都需細心的照顧，從水溫控制到煮泡時間的把握，每一步都不能馬虎。特別是珍珠，其完美的Q彈質感全賴精準的熬煮時間。在那個機械化尚未普及的年代，所有的飲品製作都需要手工完成，對於責任心和工作的熱愛，雖年紀尚小，卻展現出過人的熱情和技巧，讓我在手搖飲料的製作上有了一番成就感。哈哈，那時候的我，可說是泡沫紅茶界的小小專家了！

雖然對我這個瘦小的身軀來說，每天面對著繁複的準備工作和龐大的食材份量有些吃力，但我從未退縮。每當推著裝滿飲品的攤車經過小下坡時，那份恐慌與不安總是讓我的尖叫聲不時在騎樓迴響。在手搖飲料店的工作結束後，我又會到餐廳擔任服務生工作。在餐廳工作最大的喜悅就是餐廳裡如果有湯品和食材沒有賣完，就可以將它們打包帶回家，放冰箱當好幾餐吃。這不僅節省了許多開支，也讓我感到一種小小的滿足感。

經過兩個月的辛勤工作，不僅如期完成了對家庭的貢獻，更是驕傲地存下了足夠的學費，大約兩萬八千元，接近三萬元的金額。興奮地期待著新學期的到來，我滿心歡喜請父親在隔日，也就是註冊的當天騎機車載我到學校註冊。父親對於我能存下這麼一筆學費感到非常驚訝，並要求我將錢暫時交給他保管，同時承諾隔日會陪我一同前往學校註冊。

註冊日當天，我滿懷期待地提醒父親，卻見他一臉茫然，隨後吱吱嗚嗚地說那筆錢已被他花光了。在那一刻，他講了什麼理由其實我已經忘記了，我的心沉到了谷底，所有的喜悅與期待瞬間化為泡影。我站在那裡，無力、失望，眼眶中的淚水模糊了視線，卻無法發出任何聲音。

當註冊的最後一刻終於來臨，我無奈地看著機會從指間溜走，心中充滿了無力感。在報名截止時刻，淚水終於止不住地流了下來。我心裡清楚爸爸的處境，家庭的貧困讓我們無親可靠，他的孤立無援也意味著沒有朋友願意伸出援手。爸爸過去向周圍人求助的次數太多，已經讓他們疲於應對，因此當我急需幫助來支付學費時，卻發現四周早已無人可求。那一刻，我深切體會到孤獨與絕望。

剛畢業於國中的我，單純就想要繼續唸書，內心充滿了對學習美容美髮科的渴望，甚至已經為自己的未來描繪了一幅夢想藍圖。然而，這一切夢想卻因爸爸的一時決定而灰飛煙滅。長久以來，我堅信爸爸對我的愛，認為他之所以不勤勞工作，只是因為年紀大擔心身體負荷，而我也願意為了這份愛承擔起家庭的重擔。但在這一刻，我深深感受到了被背叛的痛苦，意識到爸爸的自私行為從未真正考慮過我的感受和夢想。這種痛苦的覺醒讓我重新思考對「愛」的理解，深刻體會到真正的愛應該是互相尊重和支持，而不是單方面的犧牲和付出。此時此刻，我終於明白，其實爸爸並不愛我。

因為這件事情，我沒有了繼續唸書的機會。每當想到自己的學歷無法與同齡人相比，心中便充滿了自卑和無助。我人生的第一個貴人髮廊的老闆娘小萍阿姨，那些同事姊姊們，知道這個狀況後都勸我，無論將來賺得多少錢，都不要輕易透露給爸爸知道，更重要的是要學會為自己留一筆屬於自己的錢。

每一次痛苦和挑戰，雖然在當下看似難以承受，但隨著時間的流逝，這些經歷轉化為了寶貴的學習和成長。衷心希望你能夠明白，作為一個獨立的個體，妳有權擁有屬於自己的人生道路，不應受到任何形式的親情綁架所限制。

期待我的故事，能給妳帶來勇氣和動力，讓妳明白，妳不是孤單的一個人。

心窩

語錄

陪你突破難關，找到成長勇氣

在我年幼時，常抱持著一種觀念，認為只有無條件地為家庭付出，不斷地滿足家人的期望，才算是對家人的「愛」和負責任的展現。但隨著年齡的增長，我開始體會到「愛」其實應該是相互的。當你付出愛時，也應當感受到來自對方的愛。無論是親情、愛情還是友情，都應該是一種平衡的關係。一旦理解了這個原則，就能避免在任何一種關係中出現過度的依賴或負擔，防止情感、心靈乃至個人自由受到不正當的束縛。真正的愛，應該讓彼此都感受到被尊重和珍惜，而不是一方的犧牲和忍耐。這樣的覺悟讓我學會了在愛與被愛之間找到平衡，建立更健康、更和諧的人際關係。

愛應該是讓對方感到快樂和被珍惜的，我深愛著爸爸，但我時常在反思，爸爸是否也同樣愛著我？他的行為經常讓我感到傷心、失望，甚至是身心俱疲。在意識到這樣的家庭狀況後，我雖然無法立刻改變被親情綁架的局面，但我學會了要為自己保留一份愛。即便這份愛微小，我也要學會珍惜並培養愛自己的習慣。因此，我開始為自己存錢，哪怕每個月能存下的只有六百元或一千元，我也毫不猶豫。我清楚地知道，在這個世界上，我只能依靠自己，同時還要承擔起照顧家人的重責大任。這份堅持與信念，一直伴隨著我成長，至今我仍然堅守著，因為我相信，唯有愛自己，才能更好地面對生活中的各種挑戰。

Chapter 2

八點檔的人生

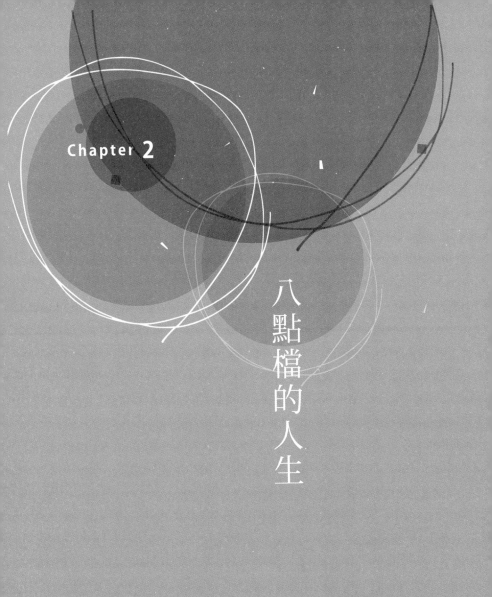

17歲的成就感

人生第一個被肯定的獎盃

Dear Lala

我的目標是成為插畫家，是一名高職美工科的夜校生。每一天起早趕晚的上班上課，對於未來，感到無比的茫然和無力，總覺得不夠自信不夠好，似乎任何努力都沒有幫助，達成夢想就是那麼遙遠。雖然內心有著強烈的進步欲望，期待被關注、讓人看到我想要變得更好的決心，但每當我凝視著自己的理想，總是覺得永遠無法實現，想到這裡就非常沮喪。

可能是僅憑一腔熱忱不足以讓我走向理想，但又不知道應該從何做起，如何才能夠逐步接近我的夢想，讓大家關注我、我的作品到喜歡我的作品。我也試著把作品像廣告公司、出版社投稿，但始終沒有獲得回應。

Lala以前是不是也有過像我現在的心情，面對這樣的失落，你都怎麼調整自己的心情？有沒有一些具體的進步方法能夠提供給我建議？

充滿了未知與挑戰，我還是存著一個信念，只要有正確的方向和堅定的態度，都有可能離夢想靠近一點。

期待著你的回信，給我力量，讓我可以勇敢地迎接每一次的挫折，和努力不斷進步。

大熊

Hi大熊

來聽聽我的故事吧！高職夜校生的時期我在髮廊工讀，髮廊裡充滿人生經驗的同事和阿姨們，不僅僅給予職業技能的指導，她們深知，在沒有媽媽照顧的情況下，又有爸爸賭債的重壓，提醒我必須更加的獨立，她們教導我要養成儲蓄的好習慣。在我人生路上的脆弱時刻拉我一把，是幫助我在逆境中成長的重要力量。

在成長的道路上，我的自卑感如影隨形，源自於童年時期的被同儕欺負經歷，以及家庭的缺乏溫暖。高中時期，這種自卑感更加深重。因為經濟因素，我不得不白天工作，晚上才能去上夜校，這使我與同學之間存在著隱形的隔閡。他們的午餐是家人準備的愛心便當，而我卻只能帶著中午剩下的食物，那種隔餐的便當散發著令人尷尬的氣味，讓我不敢在同學面前公開食用，總是選擇躲在角落裡獨自吃飯。這種孤立的感覺逐漸讓我在心中築起了一道厚重的牆，使我對外界顯得更加封閉和難以接近，也讓我漸漸習慣了孤獨，但內心深處，渴望被理解和接納，期待有一天能夠打破心中的牆，勇敢地面對世界，建立人際的連結。

當時，班導石老師對我的展現出了特別的關懷和理解。在一次美髮技術操作課程中，她注意到我的技藝不僅優於其他同學，而且我的作品中還蘊含著獨到的創意。這讓她對我產生了濃厚的興趣，並開始主動與我交流，知道我從十四歲起就開始學習美髮，積累了豐富的實戰經驗，遠超同齡人。某天，石老師提議讓我參加一個美髮比賽，這對我來說既是一個驚喜也是一個挑戰，當時我甚至懷疑自己是否真的具備參賽的資格；然而，在老師的鼓勵下，我決定放下疑慮，勇敢地踏出了這一步。

因為參賽的關係，讓第一次親身踏足臺北。這座我心目中的大都市，從客運車上走下來的那一刻起，便被眼前的一切深深吸引。心中充滿了對未知的好奇和對夢想的渴望，臺北對我來說，不僅是一座城市，更象徵著一個關於夢想和希望的起點。但在那份新奇和期待中，我更加堅定了追求夢想的決心，心裡盈滿了感激和勇氣，感謝石老師的發現和鼓勵，讓我有機會在這片閃耀的舞臺上，展現自己的才華與熱情。

比賽當天，我的心情既緊張又期待，但幸運的是，競賽的主題正是我擅長的「冷燙捲髮」，一項自從當學徒起就不斷磨練的技術。在進入賽場的那一刻，我不禁感到萬分的壓力，但我提醒自己，這正是展現實力的時刻。就在手足無措之際，老師的溫暖鼓勵如同一股力量注入我的心中，她堅定地握住我的手，用她那充滿信心的眼神告訴我：「相信自己，不要畏懼挑戰，以一顆平常心去面對。」

正是這番話，讓我在比賽中重新找回了自我，我以一種前所未有的專注和冷靜完成了比賽。當比賽結果宣佈時，我激動地發現自己獲得了全台高職女子燙髮冠軍的榮譽，這不僅是我的第一個獎盃，也是人生中的一個重要轉折點。那一刻，內心的喜悅難以言喻，首次深刻感受到了自己的價值。這份來自內心的價值感，強大而明確，給予無比的肯定和自信。從那以後，更加堅信只要有夢想和努力，每個人都能為自己的人生書寫屬於自己的精彩篇章。

從那之後，每當有比賽機會出現，石老師總是不遺餘力地帶領我參加，讓我在高中的三年裡累積了許多寶貴的成就感和經驗。這段時間，我不僅在技術上獲得了認可，學科成績也因老師的激勵而有了顯著的提升。得知班上前三名可以獲得獎學金的消息後，我便抱著實際又積極的態度，投入到學習中。這份堅持讓我多次獲得獎學金，也在夜間部以最佳貢獻獎的成績畢業。這三年白天打工也存了一些錢，這些努力換來的成就感，讓我知道存在的價值，原來我是這麼棒的一個女孩。真的很感激當時沒有放棄我的石老師。

心窩語錄

陪你突破難關，找到成長勇氣

在人生的每一個階段，找到自己奮鬥的目標和自我肯定的價值是非常重要的。在學習階段，設定個人成長的計劃，即使努力後的成果只是微小的進步，那份前進的步伐本身就值得肯定。

積極參加各種表演和比賽，通過這些活動，你將能學習到很多，體驗到不同的人生經驗。記住，即使你還年輕，也不僅僅是一個學生，你可以是一個探索者、一個創造者。在求學或是求職的路上，找到那份屬於你自己的成就感，這將是你不斷前進的動力。每一次的嘗試，無論結果如何，都是對自我的一次超越，都是一次寶貴的經驗積累。勇敢地追尋你的夢想，相信自己的價值，你的人生將因此而光彩奪目。

18歲跳脫舒適圈
成為店裡最年輕的髮型設計師

Dear Lala

最近，我經歷了一段感情的傷痛，三年的感情投入，因為男友的劈腿而結束，這讓我感到非常的無助。我發現自己在情感的打擊下，對未來充滿了不確定感，心裡沒了底、沒了安全感。

還好的是職場上，取得了一些些肯定。老闆提拔我為新部門的主管並加薪，這本應是值得高興的事情。但當我獨自一人面對過去的回憶，那些共同度過的地點和場景，到現在仍然無法走出那段情感的陰影。

我要勇敢跨出舒適圈，去追尋新生活的可能。然而，每當鼓起勇氣想要邁出這關鍵一步時，內心的恐懼就緊隨在後，負面思緒不斷湧現，開始擔心他人的目光和評價，害怕他們質疑我是否配得上新主管的位置。這些疑問讓我不禁退縮，害怕一旦失敗，自己是不是就倒地不起。這份恐懼讓我猶豫不決，而且越想越是無法前進。

很多人都說，生活不會因為一次的失敗而暫停，未來還有無數的可能等著我去探索。但現在的我，似乎迷失了方向，不知道如何重新找回那份勇氣，去面對新的挑戰，去追求自己真正想要的生活。Lala 面對改變，你都怎麼調適自己，然後勇敢地跨出已經習慣的舒適圈，迎接生活中的新挑戰呢？

Sophia

Hi Sophia

我懂妳的感受，也想起那一年，我下定決心要跳脫自己的舒適圈，尋找新的成長空間的心情。

在台式髮廊待了三年後，一直思考著不應該侷限自己，我將目光轉向了那時風靡一時的日系沙龍，心裡懷著一絲期待與不確定，勇敢地踏入了這個全新的工作環境。這是一個明智的選擇，日系沙龍不僅店的規模大，而且擁有完善的培訓體系，對於渴望不斷進步的我來說，無疑是一片學習的肥沃土壤。

在這裡，我體驗到了系統化的學習與實踐機會，每週的專業課程和每月的考試制度，讓我有機會逐步掌握各項美髮技能。從冷燙師到染髮師，再從吹風手到特別助理，每一步都充滿了挑戰與成就感。憑藉過去累積三年的基礎經驗，加上對美髮藝術的熱愛和天賦，最終在十八歲那年，如願地成為一名設計師。

這段時間對我來說既是挑戰也是機遇。老闆娘希望我以實習設計師的身份繼續當他的特別助理，讓我可以有更多的機會從老闆娘身上汲取寶貴的實戰經驗。對於許多顧客來說，年輕的設計師似乎難以承擔起打造完美髮型的重任。為了突破這一障礙，我開始著手改變自己的外在形象，從穿著到談吐都力求展現出更多的成熟與專業。只有透過不斷的努力和提升，才能讓客戶看到我的專業能力，從而打破年齡帶來的偏見。這一過程不僅是對自我的一次重塑，也是職業生涯中一次重要的成長。

還好當時我本來就長得還算超齡，台語俗稱「老起來放！」再搭配上穿著其實看起來像是有二十五、二十六歲的年紀。

成為設計師後，始終堅信提供客戶全面的服務是提升自我價值的重要途徑。因此，不僅限於基本的剪髮、燙染服務，更積極推廣頭皮和頭髮的深層護理，以及選用合適的髮品。這種專業的建議不僅為客戶帶來了顯著的改善效果，也大大增加了我的收入，從單一服務的基本收入，到提供綜合解決方案的豐厚回報。

隨著業績的持續上升，我也持續地維持儲蓄的良好習慣，期待能夠慢慢地積累創業資金。我始終夢想著有朝一日能開設屬於自己的沙龍店，一個能夠展現我對美髮藝術全方位理解和創新能力的平台。這個夢想驅使我不斷學習、不斷進步，讓我洋溢希望、充滿熱情，不只開開心心的生活與工作，更能面對跨出舒適圈的總總挑戰。

心窩語錄

陪你突破難關，找到成長勇氣

在職場上，擁有清晰的目標和堅定的決心是實現夢想的關鍵。從我十四歲開始做洗頭小妹的那一刻起，我就給自己設定了明確的目標：

十七歲要取得美容美髮的專業執照。

十八歲成為一名資深的髮型設計師。

雖然途中遇到了許多挑戰和阻礙，但我始終沒有放棄，堅持自己的方向和夢想。正是這份堅持和努力，讓我最終實現了自己的目標。

在愛情的世界裡，沒有誰能預知感情的未來和有效期限。當面對情感的不確定性，真正能夠陪伴並支持自己的，便是那份獨立的能力和一技之長。即便在愛情路上遇到挫折，失去了伴侶的陪伴，我們依然擁有自我價值和實現夢想的力量。

這份力量讓我們有能力獨立面對生活的挑戰，保持自我成長和進步，無論在哪個階段，都能擁有過好每一天的能力。因此，不要忘記培養自己，擁有一技之長，就是給自己最好的保障和禮物。

21歲人生解鎖

我的第一家店紅棋美髮沙龍

Dear Lala

從小，我就生長在一個重男輕女的家庭，爸爸總是認為女孩子不需要讀太多書，應該早點工作，幫助家庭。媽媽雖然對我稍有關心，但也不敢反對爸爸的觀點，她認為女孩子長大嫁人就是最好的出路。

這種觀念讓我很不甘心，所以我決定靠自己的力量改變命運。

我透過工讀賺取學費，一路努力念到碩士畢業，並成功進入金融業，擁有了不錯的業績與薪資。

然而，當我取得了一定的成就後，爸媽卻將我視為家中的提款機，不斷以各種理由向我要錢。每當我拒絕，他們就會情緒勒索，讓我感到極度痛苦和無力。曾經的夢想是買一個屬於自己的家，但現在所有的積蓄都因為他們的無止盡的要求而消耗殆盡。

我非常迷茫和痛苦，不知道該如何是好。在這樣的困境中，我該如何處理和爸媽之間的關係，同時又不失去自我，保持我努力奮鬥的成果？

惠文

Hi 惠文

在從事設計師職務的同時，我渴望進一步深造，於是在高中畢業後，決定就讀夜間二專，延續我半工半讀的學習模式。期間，由於工作的原因，我時常穿著成熟且超齡，這使得一開始不太熟悉我的同學們對我產生誤解。因為每天下班後，總是急匆匆地趕往學校，沿途追趕著火車，再步行到達學校，忙碌至極根本無暇更換衣服與卸妝。

於是，在學校裡，我的穿著打扮和濃妝顯然讓我在同學之間格格不入，尤其是女同學們對我的不友善，更是因為男同學們喜歡與我交流而加劇。然而，我當時的心思全放在工作、學業和考取專業執照上，對於這些人際關係並不放在心上。我清楚自己的目標，所以課後總是急忙回家，為了第二天的工作和學習充電，我沒有時間也沒有心思去理會那些閒言閒語。對我來說，實現個人夢想和提升自我才是最重要的。

隨著畢業成果展的籌備過程，我和其他同學之間的距離逐漸縮短，彼此間的誤解和隔閡也隨之解開。大家終於了解到我所展現的不是高傲，而是因為缺乏自信而不太擅長主動交流；看似成熟的打扮和妝容，其實是職業的要求和緊湊的生活節奏所致。當同學們意識到我平衡工作與學業的努力和堅持，開始對我改觀，我在班上的人際關係變得和諧許多，同學間的交流更加頻繁，我們互相分享了很多彼此的夢想與挑戰，這一次的經驗讓我深刻體會到，誤會與偏見只要透過溝通就能化解，而真誠的自我展現才能贏得他人的理解與尊重。活在以貌取人的世界難免會承受許多不公平，轉個念，我很謝謝這些女孩能給彼此一個互相認識的機會，很開心他們最終喜歡並欣賞我。

畢業後，大概存了五十萬元，再加上媽媽和阿姨的資助，按照著計劃在高雄河堤路上開了一家有五人位置的小型沙龍店，回想起這件事總是覺得開心，也為自己感到驕傲，在大部分同齡的同學都還在求學的年紀，就開始當起老闆娘獨當一面，因為我有了新的人生目標，要努力賺更多的錢讓家人過更好的生活。

成功開設沙龍店的初期，生意興隆，讓我在第一年的營收就回本，短時間內就迎來了令人滿意的營收成果。心中的喜悅與成就感難以言喻，尤其是在回報了媽媽與阿姨的資助後，還能有所盈餘，更是讓我感到無比的欣慰。第二年存到第一桶金，購入人生中的第一輛車。但經營到第三年我就把店轉讓了！

開店的第三年，爸爸知道髮廊的生意很好，他天天都到店門口站崗，愛面子的我不會跟客人和房東解釋爸爸來的目的，他們眼裡以為爸爸對我很好，關心我每天都來探班。事實上，每天都在等我打烊，好拿走一天的營收。明明就是要去賭博，卻總是東瞞西騙的，一下說想要創業，一下又說要繳健保費用。更誇張還編故事說，沒給他錢就會有人要斷他手腳。那一年髮廊幾乎都沒存到錢，讓我愈來愈沒成就感，開始有了想逃避的心態。我做出了一個艱難卻必要的決定——轉讓沙龍，尋找一條新的路徑，以重拾我對生活的熱愛和對夢想的追求。

陪你突破難關，找到成長勇氣

心窩語錄

其實很多人都在跟我討論有關於撫養爸媽的問題，常常會有網友說小時候爸爸也沒有照顧我，長大後開始工作賺錢，開始假裝變得很關心我，其實只是要跟我拿生活費，情緒勒所下讓我心力交瘁，對工作的熱誠從沸騰降到冰點，不知該怎麼辦才好。

在這種情況下，我常建議網友們與自己進行深入對話，因為家庭關係複雜，我們無法完全理解你們的具體情況。思考若不提供這筆生活費，未來是否會後悔。或許可以透過理性溝通，告訴家人你目前的財務狀況，說明能提供多少家用，同時保留足夠的存款和生活費用。

切勿重蹈我年少時過於順從的覆轍。當年，因為家人不支持我繼續學業，我遺失了全心投入學習的寶貴時光。雖然十四歲開始，便開始半工半讀以支撐家庭，那時的我年紀還小，不懂得拒絕，也缺乏溝通的能力，許多家庭壓力便全落在我的肩上，這對一個未成年人來說無疑是被迫提早成熟。在適當的年紀做適合的事至關重要，既然我們有緣成為一家人，就應該珍惜並好好維繫彼此間的關係。

23歲幸運得獎者

La new熊職棒啦啦隊與高雄城市小姐冠軍

Dear Lala

我是一個對音樂充滿熱情的學生，從小就深深愛著音樂，特別是日韓音樂，我總是努力地研究和學習。在學校裡，不論是老師還是同學都很支持我，鼓勵我在各種場合展示我的音樂才華，甚至還拿到校園歌唱比賽中的第三名，這些成績都讓我感受到了無比的成就感。我也嘗試將自己的作品分享到 YouTube 上，收到了許多粉絲的喜愛和正面迴響。

然而，面對眾多粉絲的鼓勵，建議我參加電視台的音樂節目甄選，我內心卻是忐忑不安。我深知自己面對公眾演出時很容易緊張，這使我在做決定時感到十分猶豫。我害怕一旦站在更大的舞台上，自己無法控制那份緊張，反而讓自己遺憾。

Lala 我知道你是一個「勇氣是面對恐懼還能堅持的人」。我現在內心十分掙扎，你覺得我是否應該向大家說的一樣去參加音樂選秀節目，勇敢地踏出這一步呢？是不是沒參加選秀比賽，我就會留下遺憾呢？參不參加選秀節目將是我的人生中關鍵一步。但我又患得患失，心中搖擺的難以平衡，勇敢跨出去這個步伐就是好難克服。Lala 你可不可以跟我說說當年參加啦啦隊和選美比賽時的心路歷程，是不是很緊張、很恐怖？跟我聊聊，供我參考，讓我更有參加比賽的膽量。

米菲

Hi 米菲

你信中的文字，帶著我回憶起過往。

那段日子，下班後我和妹妹常去夜店跳舞，儘管從未受過專業舞蹈訓練，但跳舞給了我無比的自由與放鬆。有一次，一位男生給了我一張名片，起初我以為不過是尋常的搭訕，便打算不予理會。然而，他自稱是高雄某知名舞蹈工作室的總監，認為我天生適合跳啦啦隊員，尤其是我笑容和談吐更具備了當啦啦隊員的條件。我內心滿是疑慮，擔心這只是場詐騙。但在朋友們的一致好評下，我瞭解到這是一支在高雄聲名遠播的舞團。懷著一試身手的心態，我拿著名片決定挑戰自我，加入了這個團隊學習三個月後，竟意外成為 LaNew 熊隊首批啦啦隊成員！

擔任啦啦隊員成為了我青春中最繽紛的記憶。在場上，我們從未停歇，不僅在臺上精彩表演，台下亦不停地炒熱氣氛。表演結束後，夜晚還是我們努力練舞的時光。跟隨著球隊奔波於全台各地，參與各縣市的比賽與表演，那是年輕時才有的體力與體驗到無限熱情的奉獻。

加入啦啦隊的首年，便見證了我們球隊榮獲亞洲職棒大賽的門票，一個如此顯赫的榮譽，令我驚喜萬分！更難以置信的是，我有機會隨隊前往日本東京巨蛋，參與這場盛大賽事。這不僅是我第一次踏上國外的土地，也是我人生中一次充滿興奮與激動的經歷，對於那時的我而言，一切都顯得如此夢幻而不可思議。

從機場出發前往日本東京的那一刻起，我們就已經受到台灣媒體和粉絲的熱情關注。抵達日本後，我們發現當地的粉絲熱情甚至超過了台灣，他們的加油方式是站起來跳動，這讓我深切感受到東京巨蛋的整個觀眾席如同波浪般搖晃的震撼力，這份感動至今仍深刻印在我的心中。此外，在日本，我們有幸受到媒體的專訪，甚至登上了當地新聞版面，這些都是我從未想過會在我的人生中出現的榮耀時刻，真是令人難以置信且充滿喜悅的經驗。

隨著我們成為高雄首支啦啦隊，加之球隊帶來的高曝光度和人氣，我們開始參與各種商業演出、活動出席，甚至拍攝廣告。那年的高雄跨年活動，我們有幸被邀請為表演嘉賓，與 LA Boy 一起在舞臺上迎接新年的倒數，這是我人生中難以忘懷的里程碑。隔年，我還參加了高雄城市小姐選拔，幸運獲得高雄市小姐冠軍。那是我第一次深刻體會到自己已經經歷了許多非凡之事，從一個從打工喊著「歡迎光臨」會害怕哭泣的自卑少女，變成了一位能夠自信站在舞臺上，面帶笑容，自由自在地表演與交談的大女孩。

到了 24 歲，我首次體會到生命中的巔峰時刻。可能是因為童年時期從未感受過被愛和肯定，我曾認為自己微不足道。但當我在各種舞臺上找到了自己的一席之地，有了展現自我才華的機會，我極度珍視那份被看見的感覺。這讓我深深感受到自己的價值和存在的意義，從而擁有了難以言喻的成就感和滿足感。

陪你突破難關，找到成長勇氣

心窗語錄

參與各式團體活動或比賽，對於個人而言，都是寶貴的人生經驗與成長過程。重要的不是預先判斷自己能否成功或獲獎，而應該關注於為達到新里程碑所投入的努力與準備。人沒有十全十美，重要的是發揮自己的長處，並在這基礎上學習與補強不足之處。如此，才能在個人成長的道路上，不斷進步與蛻變。

若有志於參加選美，首要的任務是深入瞭解所需的準備工作。在當前資訊豐富的時代，透過網絡搜索，便可獲得豐富的指導和準則。我們那時代，則多依賴選美協會和導師的建議來為自己做準備。需要注意的是，每場選美競賽對於美的評價標準各不相同，但大部分競賽都會綜合評估參賽者的外表美感、智慧內涵及才藝展現。真正的美，不僅僅是外在的華麗，更包括與人相處的態度、應對問答的智慧，這些都是評委衡量一個人是否具備「美麗與智慧並重」的重要標準。

人生不是得到，就是學到。明白這個道理就不會得失心太重了！各位想挑戰選美比賽或者是任何甄選的男孩女孩們，只要記得參賽前一定要做好功課，我們就一起為自己的人生放手一搏吧！

25歲遇見愛情

一段難以忘懷的日本愛之旅

Dear Lala

最近面臨了一個人生的重大抉擇，深感迷茫和掙扎，想向你尋求建議。我和男友交往已經三年了，他是一名晶圓廠的工程師，近期將被公司外派至日本工作。他提出希望我能夠陪伴他前往日本，共同生活和成長。我對日本文化有著濃厚的興趣，一直夢想能夠深入了解和體驗，男友的提議正好與我的夢想相符。然而，我還是有掙扎、迷茫和不放心的部分。

我的父母年紀漸長，擔心遠赴異國後無法時時刻刻照顧他們的健康和需求。另一方面，我在職場上的發展也處於關鍵時刻，公司對我的評價步錯、期待也很高，明年有可能晉升為高階主管。這對我的職涯是一個難得的機會，很有可能讓我有更廣闊的發展空間。

在這種情況下，我感到非常掙扎。一方面，是對於與愛人在異國的生活充滿期待和夢想；另一方面，我也想兼顧照顧爸媽和職場上繼續向上發展。

Lala有沒有面臨過類似的情況？你會如何在這種情況下做出決定？我該如何平衡我的愛情、家庭以及職場？還是有其它的選擇方式？讓我可以既不失去與男友共處的機會，又能兼顧家庭和工作？

Chloe

Hi Chloe

聽聽我的愛情故事吧！故事發生在經營髮廊與當啦啦隊員的時期，那是一段多采多姿的時光。

雖然爸爸的問題像陰影一般伴隨著我，但這並未讓我的生活失去色彩。在這樣的日子裡，我遇見了一位高大健壯，談吐中透露出幽默與自信的男生。他的眼神藏不住對我深藏已久的情感，那份羞澀不敢直言的模樣，與他的外表形成了極大的反差，讓人覺得既可愛又甜蜜。這段意外的邂逅，為我的生活帶來了一抹不同的色彩，讓我在忙碌和壓力之中，找到了一絲甜蜜與溫馨的慰藉。

在彼此的交流中，他漸漸了解了我的過去與家庭背景，對我所經歷的一切表達了深深的同情與關懷。他不僅給予了我情感上的支持，還向我許下了一個關於未來家庭的美好承諾。當時的我被這份承諾深深打動，開始堅信愛情的力量，相信他與我共同搭建的未來將會是充滿幸福與安寧的。因此，我決定放手過去的一切，包括將辛苦經營的髮廊轉讓，並在確保家人安好之後，毅然決然地與他一同前往日本，開啟我們的新生活。愛情，於我而言，不僅是兩顆心的結合，更是勇敢面對未來，共同迎接新生活挑戰的力量。就這樣，滿懷希望與夢想，我們踏上了飛往日本的旅程，期待在那片陌生的土地上，書寫屬於我們的全新章節。

在那個遠離家鄉的異國之地，我們彼此是對方唯一的依靠。每天的日常雖平淡，卻因為有愛而充滿了溫暖與色彩。在日本的那一年，我體驗到了之前從未有過的平靜與幸福，我開始學習日語，努力融入這個新的文化和環境之中。下課後，我會漫步於熟悉的街道上，尋找那些隱藏在小巷中的超市，挑選新鮮的食材準備晚餐。每當夜幕低垂，我們便共享一頓簡單卻充滿愛意的晚餐，這樣的時光對我來說是如此寶貴與難忘。生活在日本，我學會了珍惜眼前擁有的一切，學會了在異鄉尋找屬於自己的小確幸。那些日子，雖然遠離了過去的紛擾與痛苦，卻讓我找到了內心深處最真實的自我，以及對愛情最純粹的期待和珍惜。

人生中沒有最好的選擇，只有最適合自己的答案。這個答案就是找個可以讓心情平靜的地方，放慢放緩的聆聽心中的聲音，慢慢地就會有理想的選擇。

心甯語錄

陪你突破難關，找到成長勇氣

可能是因為第一次出國就到日本東京，所以對於日本這個國家情有獨鍾！再決定去日本遊學前，就先在台灣找語言補習班上課，至少之後抵達日本時，不會語言不通。

日本遊學其實門檻不高，第一步一定要先確認遊學的目的、預計前往的城市、遊學期間的生活住宿和交通預算、課程種類等等；也可以透過網路蒐集日本遊學的相關資料，擬定自己的初步方向。

選擇好代辦單位，可以對赴日遊學有更基本的認識！遊學的前置準備作業較為繁瑣，可以請代辦協助處理，如果日文對應能力基礎還可以，只要做好功課自己處理也是沒問題的。接下來就是選定學校、填寫學校申請書、繳納該校的選考費用，就可以等待入學通知。

入學前準備

- 機票預訂／購買
- 住宿預約／付款
- 學費匯款
- 領取遊學簽證
- 參加行前說明會

最後還有日本遊學簽證申請和資格認定證明書，準備就緒別忘了查詢一下當地氣候，準備合適的衣服保養品和基本生活用品，就可以開心前往遊學之路！

26歲意外懷孕

一個新生命的誕生

Dear Lala

我和男友的交往週年紀念日，發現自己意外懷孕了。過去一年，我們的戀情經歷了不少波折，幾乎每個季節都有第三者的出現。因為深愛著他，即便心裡有疑慮，也因缺乏確鑿的證據而選擇了包容。

當我告訴他我懷孕的消息時，他的反應傷透了我的心，他以逃避和推諉的態度，不認為這是他的孩子，從此與我失去了聯絡。這段時間，原本對未來有諸多計畫的我，像是把美甲工作室經營得更好，每年計畫到韓國學習新技術，看起來都可能無法實現了。

或許因為這樣的逆境，意外地激發了我內心的母愛。我決定無論如何都要獨自將孩子生下來，撫養長大，好好教養，讓小孩成為一個有用的人，不要像他爸爸這樣，玩弄感情沒有責任感。

我知道 Lala 是單親媽媽，一個人撫養孩子長大，勇敢地面對生活的每一個挑戰。希望能夠聽聽你這段艱辛歷程的故事，遇過那些挫折，怎麼從失落中重新站起來，如何準備迎接孩子的到來，這麼多年來，怎麼克服困境，平安的將孩子養大。

單親媽媽就像是站在人生的十字路口，每一步都顯得徬徨與沉重。很期待快一點聽到你的經驗分享。

美美

Hi 美美

心疼你的故事，也讓我能完全感同身受，想到我曾經在和一任交往對象，結束四個月的戀情後，由於我對感情有著無法妥協的潔癖，當發現自己不再是唯一選擇時，我堅決選擇了分手。隔日，我發現自己的生理期異常地遲到了。原以為可能只是由於我的卵巢功能不穩定加上子宮後傾導致的不規律經期，過往醫生也提醒過我，這可能讓我較難懷孕。於是，我走進婦產科，以為只需像往常一樣進行簡單檢查。

坐在診療室裡，我輕鬆地等待著醫生開出催經藥方。然而，醫生的一句「蘇小姐，你懷孕了！」瞬間將我從平靜的等待拉回到現實的震驚之中。這突如其來的消息，彷彿我的生活被劇本編排，緊隨著分手的腳步，我發現自己步入了另一場八點檔的人生劇情。

當時，心情非常複雜，身處青春的我突然面臨懷孕的事實，尤其是在決定與男友分手的第二天。我的一生中，很多決定都是由自己來做，與那些生活中的決策大多由父母或家人安排的同齡人不同。自小，就肩負著照顧家庭的責任，許多生活的重擔都壓在我的肩上。因此，當遇到這樣重大的轉變時，並沒有想要和家人分享或尋求他們的意見，我習慣了獨自面對生命中的每一個挑戰。

考慮到爸爸一向期望我賺錢養家的態度，我擔心他會建議我終止懷孕，或許還會想從孩子的父親那裡索取一大筆錢。至於媽媽，她可能不希望我這麼年輕就承擔婚姻與育兒的重責大任，也可能會勸我作出相同的決定。

在那段充滿慌亂和意外的日子裡，我唯一確定的是我深深愛著腹中的這個小生命。我決心要將他帶到這個世界上，給予他愛與幸福的生活。面對這突如其來的狀況，我尋求了學生時代最親密朋友的傾訴，她建議我應該與孩子的父親溝通看看。於是我把這個消息告訴了他，儘管我們當時已分手，他還在試圖挽回這段關係。當他聽到這個消息時，他的反應出乎我的意料——他表現出極大的喜悅和激動，緊握我的手，告訴我這是天賜的禮物，懇求我給他一次機會，讓他成為一個負責任的父親和丈夫。對我來說，我不願意讓我的孩子出生就沒有父親的名字，更何況我全心全意地想要這個孩子。考慮到孩子的父親，也就是我的未來丈夫，我決定賭一次，答應了他。

在孕期間，像許多媽媽一般，我也體驗了各種孕期不適。當時我26歲，體力尚佳，因此我繼續在日本千葉的語言學校學習日語，學業之餘，我會到超市挑選美味的牛肉、新鮮水果和牛奶，為自己、寶寶和丈夫準備豐盛的餐點。我特別喜愛漫步於日本的街頭，常利用電車和步行作為我的主要交通方式，相信即使是孕婦，適當的運動也是必要的。雖然曾有一次因趕電車而不慎滑倒導致送急診的驚險經歷，幸好母子平安無事，那次的經歷讓我大吃一驚。隨著預產期接近，考量到寶寶的胎位問題，我決定回到台灣分娩，為我們即將到來的新生命做好準備。

心窗語錄

陪你突破難關，找到成長勇氣

作為一位新手媽媽，首先需要學會的是如何放鬆自己的心情，做足準備功課，並適時地引導伴侶，以防範所謂的「豬隊友」現象。孕期初期，由於體內荷爾蒙改變，尤其是在頭三個月內，荷爾蒙變化會導致腸胃蠕動減緩，引起不時的孕吐感。此外，黃體激素的增加促進細胞新陳代謝，使得體溫上升，容易感到燥熱不安，心情也會隨之波動，甚至出現莫名的躁鬱情緒。隨著身體的變化，孕婦會感到全身疲勞，易感困倦。同時，隨著子宮逐漸增大，骨盆和韌帶受到壓迫，導致尿意頻繁，這些都是孕期常見的現象。

妊娠期間，孕婦身材的轉變也是一大挑戰，包括黑色素沉澱的現象，這可能出現在脖子、腋下、鼠蹊部、甚至是臀部的微笑線上，因人而異。隨著孕期進展，母子線也會越來越明顯。到了後期，身材的顯著變化更是帶來各種不便，從穿衣、移動到日常生活的小細節都可能受影響。女性天生追求美麗，面對孕期身材的改變，嘗試保持心情愉快實非易事。

然而，成為母親的角色無疑是偉大的，它要求媽媽們不僅要面對自己的身體變化，還要為家庭和未來的孩子奮鬥。因此，作為伴侶的爸爸們應當給予更多的耐心、關懷和支持，全心全意照顧正為家庭和寶寶付出的另一半。

Chapter 3

只要心念正，都是對的選擇

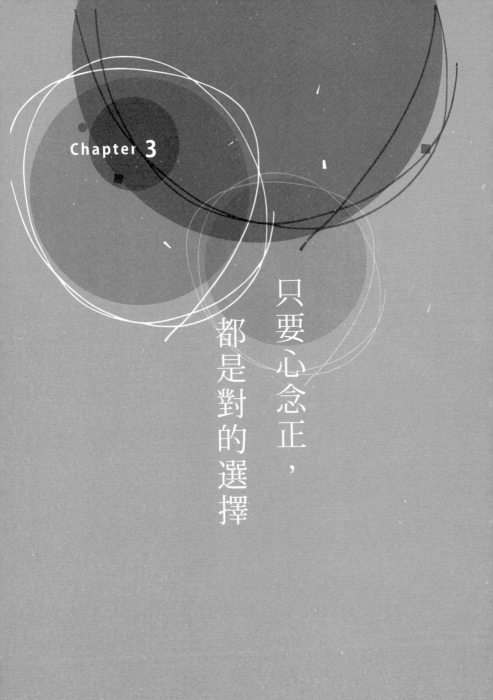

離婚

只是離開不適合自己的人

Dear Lala

過去幾年裡，我把所有的時間和精力都奉獻給了家庭和孩子，全職的家庭主婦，每天從清晨開始便忙碌於照顧家庭的種種事務，從準備早餐到送老公上班，再到帶孩子上各式各樣的才藝班，我的生活重心完全圍繞著家庭而轉動。然而，當我得知老公與下屬有不正當關係時，我感到極度的失望與心碎。

一開始，我非常自責，懷疑是不是自己做得不夠好？但經過深思熟慮後，意識到我已為家庭付出了全部，卻還要面對這樣的背叛，感到無比的委屈。不只是沒了家庭幸福，連最基本的追求自我價值和尊重都沒有。

我知道我需要勇敢地面對現實，甚至需要考慮離婚作為重新開始的下一步。但我很害怕，害怕面對未來的不確定性，害怕孤立無援，害怕沒有要我。我很羡慕 Lala 能夠勇敢做出離婚的決定，找到自我價值。

寫信給你，希望能從你的離婚經歷中，幫助我遠離負面情緒。我想知道，在這樣的轉變期，該如何調整心態，面對這突如其來的變化？如何能夠獨立地面對接下來的生活挑戰？在離婚過程中，有哪些實用的建議可以幫助我更好地保護自己和孩子的權益？

Tina

Hi Tina

我和你一樣，在擁有了自己的小家庭，與成為一名全職媽媽時，完全沉浸在全新角色的熱愛之中。我認真學習如何照顧寶寶與丈夫，以及如何維繫這個離開了原生家庭的新小家。這幅一家三口的畫面，是我自小就深切渴望的。我倍感珍惜這一切，直到有一天，童年時的玩伴，也是我的好朋友，突然給我打來了電話，讓我驚訝不已。

我之所以感到驚訝，是因為自從成為媽媽後，我幾乎與外界隔絕，鮮少有朋友聯繫我。當我的朋友突然來電，首先關切我與老公的關係是否良好？我本能地回答一切很好。然而，內心卻不免好奇，她為何會這樣問。當我追問原因時，她才吐露了讓我震驚的消息——「我老公劈腿！」

身為一位堅決反對任何形式外遇，有嚴重感情潔癖的人，過去的戀情只要稍有不忠，便毫不猶豫地結束。面對婚姻中的背叛，同樣決定斷然處理，但前提是要有明確的證據。透過朋友的幫助，安排與那位女子見面，從對話中確認了他們的不倫關係。擁有了確鑿的證據，我提出了離婚，願意自行撫養女兒，不求任何贍養費。這對他來說無疑是一個極為有利的條件，使得整個離婚過程異常順利。

在我完成離婚手續的那一刻，儘管外表試圖保持鎮定，內心卻如深陷黑暗的深淵，淚水不自覺地奔流。此時，心底微微地安慰自己，至少還有娘家的庇護。然而，當我把離婚的原因告訴媽媽時，意外地，她不僅不理解，反而責怪我缺乏耐心，認為老公又沒有打我幹嘛離婚？女人應該要容忍的！她擔憂親戚們的閒言閒語，擔心自己如何在他們面前保有面子，這讓我更加感到痛苦和無助。在這段艱難的時期，我原以為家庭會是我最堅強的後盾，卻沒想到會收到如此的反應。

面對愛情的背叛和親情的傷害，我的心靈如同遭受重創。對於媽媽的反應，我深深地理解。她成長於一個重視忍耐與委屈求全的時代，對於傳統觀念的堅持，讓她選擇在家庭暴力面前仍舊不離不棄。這種對於女性角色的傳統束縛「忍耐、委屈、求全」，讓我深感女性在傳統社會中所承受的苦楚。

從小在充滿家暴陰影的環境中成長，讓我學會了忍耐，卻也讓我漸漸失去了愛自己的動力，深信自己不配被愛。這種深植心底的自卑，推動我去追尋那個承諾給我未來的愛情。然而，當我自己成為母親後，我更加擔憂女兒可能會在不幸福的家庭氛圍中重蹈我的覆轍，然後變得自卑，懷疑自己的價值。為了讓女兒相信自己值得被深愛，我知道我必須勇敢地終結這段已變質的婚姻，為了她，也為了我自己。

在我年幼時，膽怯一直是我的影子，缺乏勇氣面對放下與離開。但隨著成長，我意識到為了保護我的孩子，我必須勇敢地走出那段破裂的婚姻。我相信自己能給予孩子全然的愛與關懷，決不讓他經歷我所受的痛苦。於是，帶著淚水與決心，我和孩子暫時回到了娘家。不久，我們在郊區找到了一座透天住宅，想著這樣的格局能讓我們全家人團圓在一起，足夠的居住空間，又可以減少磨擦，保有個人生活品質。我用之前賣掉髮廊的錢和積蓄，作為支付新家的頭期款。媽媽也出資一半，在那個充滿挑戰的離婚後時期，我們一家人同心協力，終於擁有了一個新的家。

心窗語錄

陪你突破難關，找到成長勇氣

是否繼續婚姻這條路，我無法提供確切的答案。的確，在過去的時代，社會對離婚女性貼上了不友好的標籤。然而，隨著時代的演進，這些標籤已漸漸失去其重要性。更為重要的是，你如何在這段破裂的關係中尋找出路，如何重新定義自己的信念，如何在悲傷中找到共存的方式，並在此過程中勇敢地成長。

如果你在婚姻中感到如此的傷心與失望，那麼你應該關注自己的感受。自己的幸福遠比他人的評價、親友的期望來得更加重要。愛情是兩個人的事情，但婚姻的經營遠比想像中複雜，包含了價值觀的差異、生活習慣的摩擦，甚至是育兒方式上的分歧，這些都可能引起家庭爭端、感情疏遠甚至外遇等問題。

那麼，為何還有許多人渴望走入婚姻呢？因為愛情本身賦予我們巨大的力量，讓我們相信自己能夠跨越婚姻中的一切難關。每個人能夠接受的底線本來就有所不同，比如我無法容忍伴侶的不忠，而我也有朋友因為伴侶的體味而選擇離開。當你感到無法承受時，請記住，離婚僅意味著這段家庭關係不再繼續，人生漫長，沒必要與不再適合的關係纏繞不清。

我的童年見證了爸媽的爭吵和家暴，媽媽為了我們這些孩子忍耐，努力維繫著家庭的表像。但大人們不明白，他們所謂的維繫，對孩子而言，只是一個缺乏快樂、充滿悲傷的家。家庭是否溫馨、充滿愛，孩子心裡清楚。

正因為如此，我不希望我的孩子經歷和我相同的苦痛。我堅決選擇離婚，深信只要付出加倍的努力，給孩子更多的愛，她在愛的滋養下成長，一定能擁有一個比我的童年更加幸福的人生原生。家庭的愛，我無法選擇，但在愛情裡頭，遇到不對的人，我一定會選擇離開。

罹癌29歲的這年好難

Dear Lala

雖然我是單親媽媽，但卻擁有兩個聰明、可愛又優秀的孩子。他們的學業成績不用我擔心，兩個都在資優班學習，讓我感到無比的驕傲。然而，生活從來不會因為驕傲而變得輕鬆，尤其是在爸爸早逝，沒有父愛的陪伴下，我獨自承擔起了所有家庭的責任，從日常的生活開支到孩子們昂貴的教育費用。每個月，僅學費和補習費就要十多萬元，這讓我壓力爆表，好在家中的房子無貸款之憂，算是我的一點小安慰。

去年的某一天，我的身體出了狀況，突然間讓我意識到健康的問題。經過了一系列的檢查之後，先是被診斷出甲狀腺亢進，接著又查出出子宮頸癌異常。健康亮紅燈的打擊讓我心力交瘁，深深地感到了孤獨和無助。沒有伴侶的陪伴，只能靠自己面對這一切，我的心情充滿了恐懼和不安。

我的孩子們已經沒有爸爸，不能讓他們再失去媽媽。於是我努力振作起來，積極接受治療，希望能盡快康復。然而，在這條孤獨的康復之路上，我透過瑜伽鬆心情，讓情緒能夠變得更加平靜，更有力量去面對生命中的這片亂流。

寫這封信給你，不僅僅是為了分享心事，更希望能從你那裡得到一些鼓勵。謝謝你願意聆聽我的故事。

小小

Hi 小小

我也是單親媽媽。那時候我就知道離婚後，人生道路不會平坦。因為缺乏一個穩固的娘家後盾，又得獨自肩負起照顧父母的責任。幸運的是，從小培養的節儉習慣讓我累積的第一桶金，在這時顯得格外重要，這筆錢讓我有能力購置房產，為家人提供一個安穩的庇護所。

為了應對沉重的房貸壓力，一個月要負擔三萬八千元，即使媽媽分擔一半費用，還是有一萬九的房貸，這些不包含水電、瓦斯、保險，還有我和孩子的生活費。加上每個月必須給爸爸的生活費，我算過一個月最少要有四萬五的收入才能打平。

為了解決經濟壓力，我決定多面向開源，在髮廊接待指定的顧客，到市場和媽媽一起賣菜，甚至經營網拍和接新娘秘書工作，我的生活如同章魚一般，手腳並用。另外，透由朋友的推薦，讓我有機會接觸平面模特兒、展場 show girl 和展覽舞者的兼職，各種斜槓生涯讓我勉強維持生計，確保每月有足夠的收入來應付所有開銷。

沉重的房貸及家庭開支，我的生活變得異常繁忙。在這種忙碌中，我漸漸忘記了如何適當地放鬆和好好休息。有一次，我在一天之內疲於奔命地接連完成了四項工作，從清晨的新娘妝容到午後的展場走秀，再從下午急行百里前往台中參加百貨週年慶的舞蹈表演，晚間匆忙返回高雄擔任婚禮接待，全天下來幾乎未曾闔眼，更別提進食。那天夜裡，疲憊不堪加上血糖過低，我在爬樓梯時一陣暈眩，不慎跌倒，導致小腿和手肘嚴重瘀傷。在那一刻的痛楚中，我竭力壓抑住哭泣的聲音，因為家中的孩子和母親已經熟睡。淚水在無聲中流逝，直至我重新站起來，蹣跚地返回房間休息。

這樣的日子持續了三年，雖然我用工作填滿了日常的空虛，以逃避內心的痛苦和孤獨，但在夜深人靜時，看著孩子甜甜的熟睡，心中的寂寞和悲哀卻如潮水般湧現。在那些寂靜的夜晚，我只能依靠安眠藥和鎮定劑來抵禦孤獨和焦慮，讓自己得以短暫的逃避，尋找片刻的安寧。這段時間，我深切地體會到了身為單親媽媽在面對生活壓力時的無助與艱難，每一天都在為了孩子和自己的未來而努力奮鬥。

在一個陽光明媚的日子，我在去接孩子的路上，無意間瞥見了一家婦產科外的廣告牌，上面寫著三十歲以上的女性可以憑健保卡享受免費子宮頸癌篩檢。恰巧，我剛好三十歲，這項免費的篩檢對我來說彷彿是一份意外的禮物。在「免費」這個誘人的字眼驅動下，決定進行人生中第一次子宮頸癌檢查，心想這不僅是一次節省開支的好機會，更是對自己健康的負責。

檢查那天，我帶著一絲緊張和害怕躺在婦產科的檢查椅上，心裡不斷安慰自己，這只是一項常規檢查，過了三十歲的我，本該開始注意這些基本的健康篩檢。一週之後，醫院通知檢查結果出現異常，需要我立刻回診。在那個瞬間，我的心情如雲霄飛車般急速下滑。回到診所，女醫師告訴我，罹患了子宮頸癌。癌症，這個令人恐懼的字眼首次在我的人生中響起，那一刻，我幾乎說不出話來。我的內心充滿了恐慌和不確定，想到我的孩子還那麼小，怎麼能面對這突如其來的疾病？

深陷絕望的我，度過了三天的黑暗時光，直到第四天，我強迫自己坐在電腦前，積極尋找治療子宮頸癌的專家和解決方案。我明白，我不能就這樣屈服於命運，因為作為一個母親，我肩負著無法推卸的責任，我必須堅強，為了孩子，為了自己，我要戰勝這場與病魔的戰爭。

在尋求網路知識家的指引後，我下定決心，轉往高雄長庚醫院，非常幸運，遇到了一位婦科腫瘤領域享有盛名的醫師。經過再次的細緻檢查，確定是子宮頸癌零期，醫師耐心地向我解釋子宮頸癌零期的狀況。他告訴我，子宮頸癌零期是幾乎所有癌症中最有可能百分之百康復的一種，讓我不必過度擔憂，只要跟隨醫師的治療計畫，完全有機會恢復健康。

醫師還細心瞭解了我的生活狀態，得知我身為單親媽媽的辛勞，以及伴隨而來的不規律睡眠和巨大工作壓力。他強調休息的重要性，若身體長期過勞，免疫系統會隨之下降，即使子宮頸癌能夠獲得控制，其他疾病依然可能潛伏而來。因此，從那刻起，我才深刻體會到，面對生病的最佳良方，其實是學會愛護自己。

曾經，我的人生軌跡似乎被工作和家庭所固定，直到某個轉折點，我決定為自己留下三分之一的人生。我開始挑選自己真正想做的工作，積極攢下的每一分錢，不再只是用於家庭或是存款，而是開始學會享受生活，投資於自我放鬆的小確幸，如練習瑜伽、繪畫、帶孩子到遊樂園，甚至偶爾安排一場出國旅行，獎勵自己的辛勤與付出，同時也讓孩子體會這個世界的廣闊與美好。

面對夜深人靜時的負面情緒，我一直都像一隻報喜不報憂的喜鵲，向外人展示我已放下過去的離婚陰影。但真正的放下，只有我自己心知肚明。在離婚後的深夜，常伴隨著淚水和安眠藥入睡，我不斷問自己，是否要繼續沉浸於自怨自艾之中。最終，我告訴自己，不，我不願再這樣下去。我選擇放下所有的重擔與煩惱，重新拾起生活的節奏，以全新的姿態迎接每一個明天。

經過一年的努力，終於走出了離婚帶來的陰影，不再在夜深人靜時偷偷落淚，安眠藥也不再是我的依賴。通過調整生活節奏、控制飲食及積極調整心態，學會了真正的放下。當一年後的檢查結果顯示我康復了，雖然仍需定期追蹤，我感到無比的欣慰與喜悅。這一切讓我深刻體會到，健康的身體是生活中最珍貴的資產，沒有健康，其他一切都將失去意義。

心甯語錄

陪你突破難關，找到成長勇氣

真心話，如果沒有親身經歷子宮頸癌，我對癌症這方面的知識幾乎是一片空白。正是這段不期而遇的經歷，讓我深刻體會到健康的重要。在我不得不面對這個挑戰時，開始關注並學習有關子宮頸癌的重要知識。子宮頸癌的分期從零期的原位癌到最嚴重的末期，總共分為五個階段，主要根據癌細胞侵犯的範圍進行劃分。

像我們這樣處於零期的病患，關鍵是要密切配合醫生的治療計劃，同時調整自己的生活模式和內心的態度。尤其是持續進行定期的追蹤檢查，至關重要。幸運的是，透過積極的自我管理，最後成功脫離了子宮頸癌零期的風險。

提醒大家，年滿三十歲的女性，每年可以進行一次免費的子宮頸抹片檢查，同時也強烈建議進行自費的子宮頸癌疫苗接種。定期進行抹片檢查加上疫苗接種，是女性朋友保護自己遠離子宮頸癌威脅的雙重保障。

斜槓人生

演藝圈最老的國光女神

Dear Lala

明年，我即將迎接我的六十六歲生日。身為忠實的粉絲，我可能是年齡最長的一位。

我欣賞Lala，因為你總是勇於做自己，面對人生的每一次困境始終保持冷靜，然後尋找解決問題的方法。每一次的考驗都以從容不迫的態度迎接，每每轉變，不僅自信優雅，最後的結果還讓我驚喜連連。

正是你那種不被侷限的生活態度，激發了我對自己的挑戰、冒險與勇氣。明年，我計畫參加21公里的半程馬拉松比賽，計畫後年挑戰國外的全程馬拉松。對年輕人而言，這些挑戰或許微不足道，但對於像我這樣剛開始運動的年長者來說，無疑是一個巨大的決定。

寫這封的用意只是想讓你知道，你激勵了我，讓我不僅開始夢想，同時也走在實現夢想的路上。即使已經步入老年，還是可以勇敢地追求自己的熱情和夢想。在未來的日子裡，我將攜帶著對生活的熱愛，無論是體力上的挑戰還是心靈上的冒險，我都將全心全意地投入。同時，也會持續關注你的社群貼文，跟隨你一起進步。「年齡從來不是追求夢想的障礙」這是Lala送給我最寶貴的禮物，謝謝。

迪克阿公

Hi 迪克阿公

你是最熱情的台灣阿公，你的故事很激勵人心；既然你這麼坦誠沒有包袱，我也和你說一個大齡女子的跨界故事。

在還沒踏入演藝圈前，身為全職媽媽的我，穿著風格偏向包裹緊緊的肉粽，不會有機會穿著露肩、露背、露肚子的清涼服裝。因此，當我第一次接到車展 Show Girl 的工作，要我穿上露出肚皮的兩截式服裝時，我內心充滿了猶豫和恐懼。我記得那次車展前，我穿上那件展場服之後，竟在洗手間裡猶豫不決，不敢踏出那一步。那時的我，對自己的身材缺乏自信，但又明白為了孩子，必須鼓起勇氣。

於是，我開始對自己說話，鼓舞自己的心靈，激勵自己要更加積極地運動和保養，以恢復身材的自信。這段在展場當 Show Girl

的經歷，讓我認識了許多新朋友，其中一位是國光幫幫忙的助理主持人。他不僅友善，還熱心地推薦我上節目，剛好節目需要一位有南部腔的南部女孩參與，我很意外！原本我有點介意的南部腔調，竟然可以贏得在電視節目露出的機會。

更讓人意想不到的是，節目開始轉型態，需要在開場時有國光女神開場秀舞，而我剛好擁有這門舞蹈技能。就這樣，我幸運地成為了節目中的國光女神，開啟了我全新的節目生涯。從一個對自己身材毫無自信的全職媽媽，到成為眾人矚目的舞臺焦點，這一切的轉變，都是因為我決定勇敢面對自己，並努力改變。

在我三十三歲那年，踏入演藝圈，對我而言是一個從未預料的旅程。很多粉絲好奇問我為什麼會選擇這條路？其實，追尋星夢從來不是我的目標，我的最大夢想，只是擁有一個幸福的家庭。

但人生總是充滿意外，原生家庭和婚姻觸礁，豐富了我的人生經歷，正好變成我在演藝圈上通告素材。我的舞蹈天賦，也恰好符合台灣綜藝節目對於舞蹈表演的需求，幸運的成為演藝圈所需要的一部分。

要感謝的太多，包括命運的眷顧以及我的家人，他們賦予了我健康的身體與一副不顯老的外表。這十年來，我成為了一名狂熱的保養實驗者，從內而外進行全方位的保養。我對飲食的控制尤其嚴格，堅信維持體態的秘訣在於控制糖分和澱粉的攝入。我的朋友都知道，每個月只允許自己享受一次鹹酥雞的誘惑，兩個月才奢侈地品嘗一杯珍珠奶茶，並堅定地戒掉了甜食。

步入四十歲的門檻，我深知那些年輕時的光輝不會永久陪伴。曾經的美麗、時而不如意的容顏、體重的起伏，都教會了我一個道理：「要與時間的流逝抗衡，保持美麗的外表和健康的身體，唯有自律和堅持不懈。」你渴望成為怎樣的人，其實全在於自己的選擇和努力。年輕時，即使在二十三歲跳啦啦隊和參加選美時，也面臨被視為「年紀過氣」的嘲諷，但我從不放棄。那段經歷讓我明白，無論年紀如何增長，只要不停地追求、不放棄，機會和成就永遠不會與年齡掛鉤。真正決定我們能成為什麼樣的人，不是時間，而是自己的堅持與決心。

陪你突破難關，找到成長勇氣

心窩語錄

進入演藝圈之前，最關鍵的準備在於明確自己的人設與定位。譬如，若夢想成為一名偶像，不論是歌唱、舞蹈或樂器演奏等才藝，都應該具備，以便在舞臺上展現獨特魅力。想要成為演員的你，則應該透過不斷的表演訓練，累積豐富的演技和對角色的深刻理解，以便在機會來臨時能抓住每一次表現的機會。若志向成為主持人或通告藝人，快速反應和豐富的人生經驗將是你的利器，讓你在節目中能分享更多有價值的見解。對於有志於成為網紅的朋友，則必須瞭解目標觀眾的喜好，並根據他們的興趣不斷創作和努力。

然而，我認為最為重要的是擁有一顆強大的內心，作為公眾人物，每一言一行都會被放大審視。面對外界的批評與建議，不僅要有承受的勇氣，還需持續自我提升與學習，保持謙虛的心態。不論你對於演藝事業抱有何種夢想，對於像我這樣的大齡入行者而言，年齡絕非障礙，真正的挑戰在於你準備得有多充分，以及你願意投入多少努力去實現夢想。

我的爸爸

父愛對我來說好陌生

Dear Lala

　我是一位成長於典型保守家庭的女性，家中充斥著兄友弟恭、父慈子孝的傳統價值觀。然而，這些傳統背後，我和我的兄弟姊妹承受著巨大的情緒勒索和經濟壓力。

　自小，母親就以極高的期望要求我們絕對服從，否則便會以自己是「失敗的母親」自責，情緒失控至極點。這樣的場面讓我們感到恐懼，為了安撫母親的情緒，只能無條件順從。長大後步入社會工作，母親的要求漸漸轉向金錢方面，無論是過年、節慶，甚至是日常，總有各種理由向我們索取金錢，彷彿兒女就是他的個人提款機。

最令人難堪的是，大姊籌辦婚禮的過程，母親向姊夫提出了高額的聘金要求，甚至還要求姊夫幫忙買一部機車讓剛出來工作的小弟代步使用。這不僅讓我們與親家間的關係變得尷尬，也讓我擔心自己未來的婚姻會重蹈覆轍。

Lala是公眾人物，我希望可以透過我的案例幫忙發聲，幫助到跟我一樣受到原生家庭情緒勒索的人走出去，如何在尊重傳統父母的同時，也保護自己的權益，讓子女們可以遠離情勒束縛，輕鬆自在的好好生活。

岑妮

Hi 岑妮

我的故事或許你也聽說過，我的爸爸對我的情緒勒索。當我意識到連我自己賺來的學費都被他揮霍一空時，我對自己說：不論未來面臨何種挑戰，儘管我肩負著家庭的重擔，我也必須為自己留一筆私房的儲蓄。從十五歲開始，我養成了自我儲蓄的好習慣。不管生活多麼拮据，我每月都會努力挪出一到兩千元作為存款，因為我明白，如果我不為自己著想，沒人會代替我去做這件事。

那天，在洗頭店內，我無意間聽到一位女客人與老闆娘的對話。一位阿姨分享道，下個月她的兒子將要步入婚姻的殿堂，但他們遇到的親家提出了驚人的要求——一整車的聘禮和八十八萬的聘金！當時雖然不甚明白他們的對話內容，但後來逐漸理解，原來婚姻並非只關乎兩個人。某些時候，女方的家長堅持要求一份在他們看來合理的聘金，這就可能導致兩種情況：一種是男方家長認可這個金額；但若不能認同，就會因聘金問題引發雙方家庭的爭執或互相殺價的窘境。原本應該是喜慶的事，卻因為金錢而變得複雜與矛盾。

聽著大人們談論各種生活故事，我突然開始為自己未來的婚姻和家庭擔憂。當時雖然年紀尚小，但由於來自一個不完整且不幸福的家庭背景，對於未來擁有一個幸福的家庭充滿了深切的期待。我思索著爸爸媽媽的離婚，以他們的性格，雙方肯定都會對聘金有所期待。在心底，我早已暗自決定，若日後找到真愛，絕不允許聘金之事影響到我們的婚禮，我不期望對方的家庭完全理解我的處境，但我希望能避免讓金錢的問題，成為我們攜手共建幸福生活的障礙。

從我十五歲起，就開始默默為自己的未來積存第一桶金，除此之外，我還特地存下了二十萬新台幣，作為爸爸期待的聘金。十年後的今天，我彷彿成了一位預言家。在我懷孕期間，爸爸最常打來的電話不是來關心我這個即將成為新手媽媽的身體狀況，而是關注於，既然我是先懷孕後結婚，他是否還能如願以償地收到那份聘金。

其實對於聘金的事情我從未感到急迫，畢竟決定生完孩子後再舉辦婚禮。然而，當我踏入懷孕的第九個月，生產前的一週，我拖著沉重的身體整理新家，準備迎接做完月子的生活。在這關鍵時刻，爸爸再次打來，帶著明顯的不耐，重申如果我不安排雙方家長會面，他將自行出面處理。此刻，我心中充滿著無奈與困惑，這份來自家庭的壓力，讓我在準備迎接新生命的同時，也面臨著一個家庭舊有問題的重壓。

在那個瞬間，我真的感到極度悲痛。為何爸爸將我的幸福時刻視為賺錢的工具？面對懷孕晚期身體的巨大變化，以及必須勇敢面對即將到來的新角色，我已經感到力不從心。終於，我無力地坐在地上，淚流滿面。我透過電話，對爸爸表達了我的絕望，我問他：「我懷孕期間你有一次關心過我的身體健康嗎？你知道我每天的恐懼和壓力嗎？你每次的關心，只是那冰冷的聘金數字！」我告訴他，我已經厭倦了他對我的期待，我將不再讓他破壞我的平靜。明天，我會讓妹妹送他在乎的聘金過去，從此之後，我不希望再受到他任何的干擾，我要為了我和未來孩子的幸福重新開始。

當我無力的坐在地板上哭累了，便躺在地板上睡著了。清晨醒來，我即刻聯絡妹妹，將昨晚的遭遇告訴她，請她幫我將錢交給爸爸。我心中無奈的想著，若讓爸爸直接向前夫家要聘金，這種行為像是在「賣女兒」，多麼讓人尷尬，我不願我們家因此被外界議論。自那以後，我對於再見到爸爸，甚至聽到他的聲音都感到抗拒，每次想到這件事，就是一種重重的心理負擔。我感到筋疲力盡，不想再被這些負面情緒困擾，但又無法完全擺脫。

在月子中心疲累地度過每一天，某天我竟然忘了按時轉帳給爸爸的生活費。短短兩日的疏忽，便接到了他的提醒電話，這讓產後的我十分崩潰。過去四十年，我一直在思考，對於一個女兒來說，父愛應該是怎樣的存在？但從我爸爸那裡，我體會到的卻是一種無法言喻的痛苦和失落。那筆二十萬台幣的聘金，他究竟用在了何處，我永遠不會知道。我的心中充斥著對他的失望，同時也反思著真正的父愛，對我而言，似乎永遠是個謎。

心窗語錄

陪你突破難關，找到成長勇氣

對於親情勒索，我們應該如何擺脫？為什麼我們這麼容易會被家人情緒勒索？在任何關係中，親情、愛情和友情、甚至是職場上，都可能存在情緒勒索的情形。在愛情裡頭面對另一半，只要關係上造成不舒服無法繼續，我們可以提出分手。面對朋友和職場也是，都是可以想清楚之後，沒有共識之下說離開就離開。

在家庭之中，情緒勒索是最為深刻且普遍的問題，我們往往被捆綁在無法脱逃的原生家庭關係之中。即使這份所謂的親情，可能充滿了不公與不適，我們仍舊難以輕易割捨。小時候我們便被不停地被父母灌輸著價值觀與期望。在這樣的情緒勒索之下，要培養出獨立自主的想法，無疑是一條艱難的路。

直到我長大之後，我才開始真正面對自己的問題。從小便承擔起了家庭的重擔，從照顧妹妹、協助爸爸到養家糊口。在這一切的壓力下，我忽略了自己的需求，從未真正思考過自己究竟想要什麼樣的人生、什麼樣的關係，或是希望成為什麼樣的人。我一直認為，只要不斷地付出更多、努力更多，就能讓家人感到幸福，他們終會看見我的價值。

若你也像我，面臨相似的困境，那麼讓我們學會首先照顧好自己，清楚認識到自己真正渴望的生活方式和人際互動。而不是不斷迎合他人的期望。同時，重要的是學會如何表達：

1. 我們期望如何被尊重和對待。
2. 我們無法容忍哪些行為。

在關係中存在著「勒索者」與「被勒索者」的角色，後者在長期屈從於前者的要求下，往往會漸漸丟失自我，進而加深這種不平等關係的固化和惡性循環。避免這個問題發生，就要學會區分責任所在。舉例來說，一個十四歲的孩子是否應該承擔起養家的重任？或者，在感情關係中，我們真的有義務無條件滿足對方的所有需要嗎？對於朋友或同事之間，有義務和責任必須當你們的開心果嗎？

如果能感覺到某些壓力並非我們應該承受，那麼就必須深思熟慮，學習如何清楚地表達自己的立場和保護自己的權益。這可能聽起來很簡單，但對於長期遭受家庭情感勒索的人來說，能勇敢說出「不」並非易事，這需要不斷的自我提醒和努力。記住，在任何關係中，瞭解自己不應負擔的責任並勇於拒絕，是走出情感勒索陰影的第一步。

阿茲海默
爸爸忘記我是誰

Dear Lala

在我們六兄弟姊妹中，我是唯一留下來照顧年邁的媽媽的人。爸爸過世後，只剩下我和媽媽相依為命。儘管我盡了全力，但媽媽總覺得其他不在身邊的兄姊對她更好，經常向他們抱怨我不夠孝順，讓我感到沮喪和不公平。

五年前，媽媽開始接受洗腎治療，不久之後就患上失智症，脾氣變差，晚上不睡覺，生活作息日夜顛倒。我一個人承擔起所有的照顧責任，既要工作賺錢又要照顧媽媽，讓我身心俱疲。我曾試著求助兄姊，但他們總是找各種理由推諉，只會說「弟弟你辛苦了」，實際上卻沒有給予任何實質的幫助。

面對這樣的壓力，我感到非常無助。媽媽年輕時有遺願，不希望老年時被送進安養中心。我知道自己無法放棄她，但又感到自己的身體和情緒都快支撐不住了。我不知道該如何是好，只能透過寫信給你，抒發我的困境和壓力。

我真的很需要一個出口來發洩我內心的情緒，或許 Lala 只是一個傾聽者，或者可以給我一些建議。面對這樣的生活挑戰，我該如何找到平衡，既能照顧好媽媽，又不至於讓自己崩潰呢？

安柏

對我來說，爸爸的存在讓我的童年充滿了無法言喻的艱辛。我曾經對他的行為深感埋怨，儘管親情因年復一年的照顧而變得脆弱不堪，我仍舊希望他能健康快樂，不至於挨餓。在這漫長的歲月裡，即便我僅僅晚一天匯款，他就會立刻打來電話，固定要求我寄送各種生活必需品和保健食品給他。我的童年由於他的行為而變得苦澀，那些陰影始終如影隨形，我一直期盼著有朝一日能聽到他說一聲他錯了。然而，我終究是等不到那一天了，因為爸爸的阿茲海默病讓他忘記了所有對我和媽媽的傷害，他的記憶永遠停留在他年輕的日子。一切的記憶，似乎都已煙消雲散……

即便經歷了前一夜的情緒風暴，錄影現場的我仍舊是那個充滿笑容、幽默搞笑的 Lala，無人察覺我整夜未眠，也沒人注意到我因哭泣而腫起的雙眼。我深知生、老、病、死是每個人必經的人生課題，面對生命的每一階段和每一次意外，這些都是我們要學習和接納的。淚水擦乾後，我依舊會勇敢地面對和解決每一個問題。在我們家中，我負責扛起大部分的經濟收入，而妹妹則承擔了大部分的陪伴和照顧責任。此時，面對爸爸的病情，我感到有更大的責任去賺取更多的收入，以支應醫療和安養中心的費用。同時，也深深感謝妹妹在高雄的辛勤付出，讓我能夠安心地投入工作。

心窗語錄

陪你突破難關，找到成長勇氣

「阿茲海默症」，作為退化性失智症中最常見的類型，代表了不可逆轉的認知功能衰退。面對所謂的「三明治世代」挑戰，許多中年人身處於承擔照顧年長父母和撫養年幼子女的雙重壓力中，這象徵著在家庭中身兼多重角色的困境。關鍵在於，我們需要找到解決方案，來應對這些家庭壓力，而不是被這些壓力所束縛。解決的第一步是評估自己的實際能力，包括體力、工作情況以及家庭的經濟狀態，從而能根據自己的情況出錢或出力，共同面對家庭中的挑戰。

我有一位朋友，近兩三年來一直獨自承擔著照顧患有失智症母親的重擔，因為他不忍心將母親交由他人照看。在同時兼顧病患照護與職業工作之間，他深感壓力重大。俗語說「久病床前無孝子」，這句話深刻反映了我朋友心中的壓力。看著他日復一日地過著不快樂的生活，我忍不住提醒他：「想要照顧好家人，首要的是自己要照顧好自己。」自己若感到焦慮或憂鬱，不應被忽視。不必一味追求親力親為才是孝順，適時安排安養中心或聘請專業看護輪流照護，也是表現孝心的方式。此外，還有很多社會支援可以運用，例如政府提供的長照2.0，各地政府亦提供多項針對失能老人和身心障礙者的安置、醫療看護補助以及照護機構補助計畫，這些都是為了讓照顧者能更好地平衡工作與照顧家人的責任。

在我和妹妹之間，我們有一個相互協調的安排：我負責工作賺錢，承擔安養院的費用；而妹妹則是負責陪同爸爸去醫院做定期的健康檢查，並照顧他的日常需要。這樣的分工讓我們兩人都能夠在照顧長輩的同時，保持自己的工作和生活品質。照顧長輩的同時，我們也必須照顧好自己，這才是真正的孝順。孝順不僅僅是物理上的緊密相依，更重要的是提供適當的關懷和照護，以確保長輩的生活質量得到保障，這才是最貼心、最適切的方式。

Chapter 4

不管原生和意外，都能遇見幸福

我的女兒
一切都是最好的安排

Dear Lala

在這個深夜，心中有些話想與你分享。自從和前夫離婚後，我有幸再次遇到愛我的人，讓我感動的是，他也真心接納了我的兒子，對他視如己出。只是他擔心我們再生一個小孩，兒子會有比較心理、感受到差異、沒有安全感，而選擇放棄有自己血脈孩子的想法。

我的公婆很開明，不強調傳宗接代的重要，他們的包容與理解讓我感到溫暖。儘管如此，我心中還是很不安。如果未來某一天，老公後悔了，想要有自己的孩子，那時候可能我也生不出來，那該怎麼辦呢？我擔心他會因此感到遺憾，這種遺憾是否會成為我們關係中無法彌補的裂痕？

另一方面，作為媳婦，沒有為家族延續後代，我還是會感到很不安！我也想過是不是自己太過於守舊、保守，但想到公婆對我如同女兒般溫柔對待，對我兒子更是百般照顧，甚麼玩具都捨得買。我的擔心就停不下來。

我想通過書信與你交換心得，聽聽你對於傳宗接代這個話題的看法，或許你的觀點能給我帶來新的啟示，幫助我找到更好的答案，期待我們一起探討、一起成長。

May

Hi May

生命中遇到的人記得善待，經歷的事記得盡心，不管是原生還是意外，負責任是件很勇敢的事。回報不一定在付出後立即出現，只要你肯堅持，時間一定會給你答案，一切都是最好的安排。

我很喜歡的一句話！一切都是最好的安排！巨蟹座的我向來愛照顧人、內向、情緒化、多愁善感、還有超標的同理心，讓我很少有機會可以好好照顧自己、做自己！我的獅子座女兒向來隨性過頭、外向、樂觀、活潑不拘小節、還有超標的愛媽媽病。互補的我們，真的是最好的安排。來聊聊我女兒萌萌的小故事吧！

還記得女兒剛出生的時候，很會咯咯笑，萌萌的笑容就像是一大罐B群每天直接注入在我心裡。每當工作很累、生活的很心酸時，看著她睡著也會笑的臉龐，一切一切都覺得很值得。我相信許多為人父母都有和我相同的感覺。

當全職媽媽這兩年，忙的事情、擔心的事情就跟一般媽媽差不多，一直到我離婚，開始身兼父母職的時候，才真正感受到更不一樣的身心疲憊。算一算有長達七年的時間，我只要出門工作這小傢伙就會抱著我的大腿大哭，因為他知道媽媽一出門工作就是三、五天，所以不管我媽媽我妹妹怎麼樣勸，怎麼樣利益誘拐，萌萌就是哭著不想要我離開，看著自己心愛的寶貝哭成這個樣子，心裡實在很不捨。

每次都要帶著笑容和萌萌安撫完，轉身離開家門才敢讓眼淚流下來，因為我不能讓女兒知道我脆弱，不能讓女兒知道我很難過，就這樣十八相送的戲碼讓那七年非常揪心，多少次我在外地工作，睡前都拿著手機看著萌萌照片哭到睡著。但是是思念完日子還是

心甯

語錄

陪你突破難關，找到成長勇氣

關於什麼時候適合生小孩這件事情，沒有任何一個時間點可以保證這是生孩子的最好時機。我認為最好的時機，就是你準備好的時候。你準備好當一個母親，你準備好當一個父親，甚至你準備好當一個父兼母職的雙重角色。只要確認你準備好要生小孩，就無關年齡、無關家人的期許、更無關親友給的標籤！

我曾經有一個交往對象，他一直很希望可以為他生小孩，因為講到「為他生小孩」就代表這件事情是他單方面想要，而不是跟我討論之後兩方都願意都準備好的。當然我也很重視另一半的想法，經過溝通才發現，他覺得我有萌萌「@屬於自己的小孩」但他沒有「屬於他自己的小孩」，他家人希望他生小孩傳宗接代，同時也可以做好養兒防老的準備。

當我完全理解他對於屬於誰的小孩這層顧忌時，我自己心裡默默覺得，這個對象的想法謬誤，不適合繼續交往，必須得分手。如果生小孩這件事情的認知，只是為了「養兒防老」你沒有經過這孩子的同意就把他生出來，還認定這個孩子將來要照顧你到善終，這種想法不僅過時，也很悲哀！

其實，我們不要去期待子女未來會有餘力照顧我們，他們也有自己的生活壓力和生存壓力，就像我們現在處於三明治世代，我們也不希望自己心愛的小孩要像我們這個世代這麼辛苦。而且不要對孩子存有這種期待的道德與情緒勒索。當然如果是孩子長大之後，能力範圍之內，打從心底對雙親回饋、陪伴與照顧，理當就不需拒絕我們的福報。

我們在準備好的狀態下生下寶寶，再用負責任的態度對待孩子，陪伴他們成長，孩子想學什麼，我們就盡量滿足、盡量栽培，等孩子長大之後，我們再來好好欣賞！同時我們也要做好中老年生活規劃，就是在有能力的時候努力賺錢，也要捨得花錢在能讓自己開心的事物上，把自己的身心靈健康照顧好，好好運動、好好吃飯、好好保養，更不要因為年紀大了放棄社交和學習，成為下一代的負擔。

萌萌經紀人

全世界最保護我的人

Dear Lala

我很想和你分享我們家小女兒的故事，相信每位媽媽都有自己獨特的育兒經驗，讓我們來交流一下吧！

我的女兒，現在是一名高中生。從小到大，總是那麼獨立和自主，她的自我要求高到嚇死我，不論是成績還是品德，從未讓我擔心過。幼兒園每天上學的衣服，怎麼搭配她自己決定，國小的安親班、才藝班也是由她選擇，甚麼該學、甚麼值得花錢上課，她都可以算得仔仔細細。

國中之後，也是她自己和學校申請資優班考試，中間發生的過程，我都完全不知道。高中考上北一女，但卻堅持要念師大附中，反正怎麼樣都有她的一套合理說法。

婆婆總是提醒我，畢竟是女兒家，要多注意留心！我和先生商量後，還是決定支持她的決定，人生是屬於她自己的，她應該有權決定自己怎麼生活！

天下的媽媽其實都一樣，只希望孩子能夠快樂、幸福地成長。或許方式不盡相同，但那份愛卻是共通的、深厚的。相信你會懂我說的。

綺綺

Hi 綺綺

天下父母心，我們的愛全然相同。讓我也分享我心中的寶貝——萌萌的故事給你聽。

萌萌他是全世界最保護我的人，在萌萌三歲的時候，只要我們一起出去玩，或者一起進了百貨公司的電梯，只要是人潮太多，這個小小孩就會用他的小小手保護著我，還會提醒前面擠進來的乘客說，後面還有人、後面有我媽媽，請不要推擠好嗎！才三歲就如此勇敢的保護我，小小的孩子大大的力量，讓我的心更加堅強。

四歲的時候，看到我準備出門工作，會哭著叫我不要去工作。我會和萌萌用兒童版的模式對話，好好解釋現實生活中，如果媽媽沒有去上班，我們就沒有錢買飯吃，萌萌不要哭要懂事好嗎？

結果這個貼心的小傢夥竟然天真地回我說，那媽媽不要去工作、沒有錢買飯吃沒關係，我吃麵就好！如此天真讓我哭笑不得，如此的貼心讓我更加心疼。

五歲的時候，我的手裡若拿著重物或丟垃圾，都會搶著幫我做。萌萌說媽媽太辛苦了我來拿重物，又說媽媽只要漂漂亮亮就好，所以垃圾我來拿。

六歲的時候，有路人靠近我不管是要推銷還是要問路，萌萌就會把我拉走，還叮嚀我不要傻傻的跟陌生人聊天。有路人偷偷拿手機拍我，萌萌就會趕快提醒我，並且用她大大的眼睛瞪著對方。我穿裙子出門時，萌萌就會在門口檢查我有沒有穿安全褲，細心的照顧和呵護，簡直就是我的貼身保鑣兼經紀人。

小小的身軀，卻懷抱著大大的守護決心，給予我無比溫暖和純淨的愛與力量。萌萌，媽媽真的很愛妳！感謝妳來到我的生命中，讓我體會到生命的美好，你的存在讓我明白了生命的珍貴。我會盡我所能，好好照顧妳，並欣賞妳成長過程中的每一個瞬間。同時，我也會照顧好自己，以便當妳長大後，能夠自由地追求自己的夢想，不必過多擔憂我。希望妳能夠擁有一個燦爛的未來，自由地展翅飛翔，而我，將永遠在你身邊支持妳。

心窩語錄

陪你突破難關，找到成長勇氣

隨著年齡的增長，孩子的情緒行為問題和父母所面對的挑戰也會隨之改變。當我還沉浸在能夠輕易理解萌萌的需求、透過他的一個眼神就能明白他的想法自豪感時，轉眼間萌萌慢慢地長大了。步入幼兒園階段，萌萌開始有了自我意識，也能自行調整團體生活中適應能力。讓我意識到她的眼神不再像過去那般天真與簡單。每一個眼神背後都可能藏有更深層的思考和多重的想法。

進入國小階段的這六年，對於作為父母的我來說，彷彿體驗了與數個不同女兒的相處時光。她的喜好和人設似乎在不斷地變換：一會兒沉迷於粉紅色的世界，轉眼間又對黑白色調情有獨鍾；某日喜愛穿著飄逸的洋裝，而後又嘗試於中性風格的服裝。有時瘋狂更新抖音頻道，隨後卻決定關閉頻道經營。這一路上，孩子的成長似乎是一場不斷變換的冒險，而我們作為父母，也在學習如何隨著孩子的成長腳步，不斷地調整自己，以更好地陪伴她們成長。

生育、養育、教育到放手都是愛

媽媽永遠是你最堅強的後盾

Dear Lala

我的兒子像爸爸一樣帥，從小異性緣就超級好，小學男生女生都喜歡送他餅乾糖果，偶而女生還會遞紙條給他，希望可以和他作好朋友。國中青春期開始，小男孩的帥氣逐漸展現，加上口才不錯，假日女同學傳來的 LINE 始終沒有斷過，客廳總被叮叮咚咚聲響弄得很難休息，逼得我提醒他將手機關靜音。

兒子和我們很親近，交友的過程不會有所隱瞞。我就是靜靜聆聽，比較少下指導棋，我是覺得小孩子的交友，是學習人際關係的一環，所以我會鼓勵多於限制。

現在兒子高三了，開始交女朋友，他們會一起約上圖書館念書，兩個人的成績保持的很好沒有退步，雙方家長採不禁止的開放態度。我還是會擔心，請老公跟兒子說明，女孩子是要來照顧的，在你們這個年紀，一定要好好保護對方，這才是男朋友應該的好態度。

吾家有兒初長成，雖然口口聲聲說要給孩子獨立自主的教養，但還是常常因擔心東擔心西，克制不住情緒，說出來小孩不想聽的話。你有一個可愛的女兒，一定可以了解我的心情。

白白

Hi 白白

你真的一個貼心的好媽媽，當你的兒子一定很幸福。

我完全懂你的心情，當父母很難！所以總是告訴自己，不能成為一個溺愛孩子的媽媽，因為我知道我的個性很容易溺愛孩子。所以，當萌萌小時候不慎跌倒，我總是鼓勵他自己站起來。我原本以為萌萌會因為跌倒而哭泣，但他很少哭，常會自己再站起來。他的表情總是控制得很好，彷彿在說，雖然痛，但我不想讓媽媽擔心。這種情形，雖然讓我心疼，但也讓我了解到，不溺愛孩子，讓他學會獨立，對我來說是一個挑戰也是一種必須堅持的教育方式。

吃飯的時候萌萌也不太讓我擔心，萌萌食慾總是很好，但因為常常看我嚴格要求自己的體態和飲食之下，萌萌也會跟著減少吃油炸還有減糖，然後蔬菜和水果吃超多，這對一個小朋友來說，要他放棄炸雞和珍珠奶茶改吃綠色蔬菜和水果真的很不容易啊，這時候不得不說身教真的影響很大。

其實成長路上的跌倒，我最害怕就是愛情路上的跌倒，少女情懷總是詩，哪一個少女沒有暗戀男孩過，想到小學的我真的很專情，喜歡一個男同學好久好久，一直到國中竟然還可以同校！當時的我真的覺得這個叫做命中注定？現在回想起來，真的好傻好天真啊！我還記得國中第一次和這個男生告白，是寫一首鄧麗君的歌詞給他，那首歌叫做《我只在乎你》當我鼓起勇氣請同學傳遞給他的時候，下一堂課這封「情書」就變成一個笑話四處出去了……

我相信有很多人都跟我一樣有告白失敗過的經驗，在國中時期的我對感情完全不成熟，根本不明白愛情是什麼！我竟然可以傷心了好久好久好久。雖然我不太懂當時在難過什麼，或許因為青春期和媽媽的關係比較尷尬與緊張，我不管跟她說什麼、要求什麼、想要什麼，媽媽不是拒絕，就是生氣回應，在得不到支持和建議下，漸漸的不會和她分享我的開心與難過。

我很擔心萌萌會和我一樣心裡很多秘密，所以他很小的時候，我就會每天都問萌萌，今天在學校有發生什麼有趣的事嗎？現在班上都在流行什麼？和哪個同學特別好？有和同學不開心嗎？在學校吃了什麼？老師教課聽的懂嗎？有喜歡的男同學嗎？

我記得有一次萌萌和我說班上有一個男同學喜歡她，他們互相喜歡，可是這個男同學都會叫她幫忙拿書包，還會叫她幫他寫作業、跑腿等等……，然後萌萌不知道要不要答應當他的女朋友？

天啊！聽到這裡我必須先深深地大吸一口氣，提醒自己不可以生氣，要好好的溝通，才不會嚇跑萌萌，之後就不想跟我討論。

我當下告訴小學四年級的萌萌說，還好妳還在想到底要不要接受這樣的男生！媽媽和妳說，一個好的男生是會懂得保護女生的，是會捨不得叫女生拿書包跟跑腿的，就像妳愛媽媽，會捨不得媽媽提重物和拿垃圾一樣；好的男生是不會叫妳做吃力和不對的事情。做功課本來就是自己的事情，怎麼可以叫妳去做呢？就像妳愛媽媽，妳不會叫媽媽做不對的事情一樣。

採用相處模式的實際案例好好分析給她聽，很慶幸的萌萌完全聽得懂。她立刻回應說，媽媽我知道了，那我不要喜歡他了，我要拒絕他的告白！雖然很開心萌萌聰明聽懂，但還是對女兒有這樣的小劇場，當下還是覺得既緊張又好笑。

心窩語錄

陪你突破難關，找到成長勇氣

國小談戀愛，當然肯定是太早！當孩子願意跟你開口說他有喜歡的對象，甚至是交往對象的時候，你真的要很慶幸，你的孩子，並沒有選擇用欺騙你的方式來保全自己的選擇，而是坦誠的告訴你，爸爸媽媽我有喜歡的對象了。在這個時候我們都千萬先別生氣，先聽聽孩子的想法、他對於這個同學的看法、喜歡他什麼？還有對於感情的認知？我們可以透過聊天，確定孩子對談戀愛的成熟度在旁邊適當的給予建議和輔導。

很多人都很羨慕我和女兒感情很好，我自己也是不停在學習，如何收斂脾氣、如何不否定孩子、如何同理心對待，盡力保持這份美好的關係不變質。我想，一份好的關係就在於信任、陪伴與支持吧！我相信妳的想法，我陪妳一起完成，就算失敗我也會支持著妳當妳的後盾。

也有很多人問我說，女兒長大了如果去追愛，我一個人我會不會很難過？當了媽媽之後我才發現，每個階段要學習給予孩子的愛，完全不同。

生育、養育、教育到放手都是必經過程。如果等到女兒長大了，那放手和祝福就是我要學習的事情。畢竟我生下女兒的目的，不是為了要給我做伴、更不是要養兒防老用，而是，希望她當了我的女兒，可以很幸福快樂。

當一個負責任的家長

就能讓孩子學會做自己的主人

Dear Lala

我正在面臨著一個困擾，如何教養一個性格內向的小女孩。我的女兒非常依賴我，希望我的陪伴他作出所有決定。我非常擔心這樣的依賴性會對她未來的成長、獨立生活能力產生影響。

婆家的小叔小嬸提出建議，要我們鼓勵女兒從日常的小事開始學習做決定，比如早上讓她自己選擇穿什麼衣服，褲子還是裙子？早餐想吃什麼？要不要自己帶開水？製造更多的選擇機會，讓他知道選擇並不可怕，或許就有機會能增加她的自信心。

其實，這一切都是我造成的，因為晚婚，又花了好多年的時間，好不容易透過試管才生下女兒。對我來說她就是我的心頭肉寶貝，怎麼捨得讓她失落、難過或受到傷害。

事情已發生，也只能積極面對。和先生商量後，決定之後挑間好的私校讓她住校訓練獨立，這兩年盡可能讓她練習決定生活中的小事，像是過年前讓她自己挑選新衣服、鞋襪等；上牛排館讓她自己點完套餐，希望這樣對她有所幫助。我想到的就只有這些，你是否有其它方法，可以幫助內向孩子的社交技巧。還有如何在不過度保護的同時，有效地鼓勵她自我探索和獨立思考？在這個過程中，家長又應該扮演什麼角色，以提供最適合的支持和鼓勵？

筱芸

Hi 筱芸

天下父母心，我能夠理解你的心情。萌萌出生後，我就經常提醒自己，對小孩要放手，之後才能放心。

就像對於萌萌在學校的成績，我沒有到非常要求，只希望可以維持在中等，我就很開心了！可能我出社會的早，而且工作的年資很長，清楚的知道，未來要走的好，人品和性格絕對比學歷重要，所以我反而沒有那麼要求她的成績，但我更要求萌萌懂得負責任、有禮貌、保持善良並內心堅強有力量。

雖然我對成績並不苛求，但機靈的萌萌經常會在月考前提出一個小小的願望：如果她這次考試有三科得到一百分，她希望能獲得什麼樣的獎勵。這種做法真的很聰明！它讓孩子自主設定目標，從而提高學習的動力。通常，設定規則的是大人，小孩需要透過好的成績才能來換取禮物；然而，當我們讓孩子主動提出要求，從被動變為主動，讓他們明白到，只有付出努力，就會有所收獲。這對他們未來設定目標和追求夢想的過程中，絕對是一種很好的學習。

去年萌萌面臨國中會考的抉擇時，我們討論過她是想就讀一般的高中，還是選擇高職。高職提供了豐富多樣的專業選擇，如國貿、幼兒保育、表演藝術、餐飲、美容美髮、護理、流行設計等，學生可以在這些領域獲得專業技能。然而，這需要學生對所選領域有真正的興趣。當我詢問萌萌是否已經決定了未來的學習方向時，她沉思了三天，最終告訴我她還未能確定選擇哪個專業，因不願盲目決定，她選擇就讀高中，利用這三年的時間來探索自我，並在大學階段做出更明確的職業與學科選擇。

我對萌萌有這樣的想法感到非常欣慰。瞭解她能夠設立目標並規劃自己的未來，對我來說，這是最理想、最完美的答案。

心窩語錄

陪你突破難關，找到成長勇氣

我們來談談要不要急著幫孩子做決定。像我也會覺得孩子在處理事情沒有我來得好、態度也沒有像我這麼積極、是不是乾脆自己來做就好？

但每當我們有這個想法和做法的時候，就是在幫孩子安排和規劃，但我們能夠幫孩子超前佈署一輩子嗎？肯定不行。所以我們做父母的就是要學習如何做得剛剛好，留點空間給孩子探索學習，而不是什麼都幫孩子們打理好。一定要讓孩子學習為自己做決定，再為自己的決定負責任。

我的姪女是一個性格很內向的小女生，當初我妹妹也是略帶困擾的來請教我，這個小女兒太過依賴她、太過黏著她、什麼都要媽媽陪伴媽媽決定。到底應該要怎麼做，才能讓小女孩不要一直躲在媽媽的保護傘後面。其實最好的方式就是鼓勵孩子，可以從小小的生活事物開始，例如：我們今天要吃飯還是吃麵？我們今天要穿洋裝還是要穿褲裝？從生活日常就開始把選擇權丟給孩子。

作為家長，我們對孩子做出的決定感到擔心是自然的，尤其是當我們已經警告過他們可能是錯誤的選擇，但他們仍堅持己見。我建議的處理方式是，根據情況的輕重，從日常生活中的小事開始引導。當孩子做出了錯誤的選擇，並且事情已經發生後，我們可以利用這個機會，通過故事的起承轉合四個階段，與孩子共享整個過程。這樣不僅可以教導孩子在作決定前要深思熟慮，也能學習在決定之後承擔相應的責任。

早熟的孩子
總是讓人心疼

Dear Lala

在大三那年，我意外懷上了學長的孩子。

當時學長正在服兵役，我無依無靠，只得休學出來賺錢撫養孩子。學長退伍後，卻以個性不合為由，向我提出分手，我為了孩子，我願意默默承受這一切，獨自撫養孩子長大。

幸好，我工作上的表現不錯，憑藉著我的能力和認真跑客戶，賺取了不少業績獎金，經濟上沒有太大的壓力。

直到孩子上國小，我在公司認識了一位男同事。他知道我的過去後，對我格外的好，還說會照顧我們母子一輩子，於是我們開始同居。壞男人總是會露出馬腳，第二年他開始以要回家照顧父母為由，經常不回家。後來才知道，他和新來的女業務同居在一起。我一直以為，他累了會回來，直到收到喜帖，我才猛大夢初醒，原來一切都已無法挽回。

我不禁問自己，為何我的人生如此多舛？為何女人要如此難為女人？我該如何面對這一連串的背叛與傷害？我的命運，為何如此坎坷？在感情這段路上，我總被男人遺棄，心中的傷痛與無助，無人能懂。

姍姍

Hi 姍姍

和你分享一段心中特別的故事。在萌萌國小二年級那年，我結束了一段與訂婚後立刻分手的男人的關係。很多人好奇，經歷過一次失敗的婚姻後，為什麼我還有勇氣再次步入婚姻的殿堂？我必須承認，當我對愛情失去信心時，這位男生用了兩年時間來真心對我，不僅愛我，對萌萌更是愛烏及屋，深深打動了我。

他對待萌萌非常的有耐心，當時萌萌幼稚園時期，非常喜歡把圖畫本塗鴉後的卡通圖案剪下來，再貼上雙面膠變成貼紙。我當時的男朋友，可以陪萌萌坐在小椅子上，一坐就是五個小時，只為了陪孩子開心。也因為這件事情，萌萌很喜歡他。

我的母親在高雄自由黃昏市場擺攤（自由二街71號），那裡販售各式各樣的家常菜。對於關注我的人來說，應該都知道這件事。年輕的時候，我也會在會在媽媽的市場幫忙，即使如今我已有自己工作，在過年過節人潮眾多時，我仍會過去攤位幫忙。當時的男友捨不得我工作之餘，還要去市場幫忙，所以也會毫不猶豫的捲起袖子，陪著媽媽一起在市場叫賣。這是他首次打動我母親，贏得認同與信任的原因。

很愛交朋友的我，在高雄有幾個很好的姊妹淘，她們陪伴著我走過起起落落的前半生，他們最擔心的是，我能不能遇到一個陪伴我的好對象。我還記得那一年他幫我過生日，全家人先一起去鐵板燒用餐，吃飽後再去看電影，沒想到電影結束後，大螢幕上竟然播放著所有的朋友給我的祝福影片，最後他也出現在螢幕上，溫暖的對著我說：「今天妳最在乎的家人和朋友，都在現場陪妳看妳喜歡的電影，和一起幫妳過生日喔！」

這個時候電影院的燈亮起，所有的人都在拍手祝我生日快樂。這時候我才發現他包下整場電影，邀請我所有最愛的朋友和家人，陪我見證這個男子的浪漫和用心。就在大家替我感動的氛圍，還有符合家人的期望之下，我答應和他訂婚了。但我們交往的過程，因為他非常沒有安全感，所以限制我所有的交友狀態，還要我割捨當下在演藝圈的工作。就在他那該死的沒安全感，日後生活裡只要不符合他的期待，就會帶給我憂鬱的情緒勒索。我成全了大家的期待，卻隱藏了不能做自己的遺憾。

訂婚後不久的某一天，他在洗澡的時候，他的手機突然來了封訊息，這個時候真的要謝謝女人的第六感！我很少看他手機的，那天我就特別想看，剛好抓到他鐵證如山的劈腿證據。嚴重感情潔癖的我，只要知道對方不忠誠，不管再怎麼愛，就是要分手！就這樣重新相信愛情之後還是美夢破滅了！

更令人難以接受的是，這個第三者還是我的朋友，常常問我和男友好不好？去哪裡玩？想到那些關心真的好噁心！為什麼要破壞和傷害好友的感情？這些道德標準不是自己可以選擇的嗎？

不能否認這次的情傷對我很受傷，但我一樣也只能在女兒熟睡時，嗚住嘴巴的無聲大哭。我離婚時，萌萌還沒兩歲，她當時還小當然不會安慰我，但這次她國小二年級了，她常常抱著我說媽咪，有妳真的好好喔！某天晚上萌萌睡到一半起床跟我說：媽媽我知道妳都在我睡覺的時候偷哭，但是我跟妳講一件事情，經過市調調查99%的女性經歷離婚和分手都很傷心，但如果有小孩的陪伴她們很快就會好起來喔！所以媽媽請妳加油我會在你身邊陪妳！

天啊！我女兒這麼早熟的讓人心疼。我和這個男生的分手，其實我並不是唯一的受害者，我女兒也是跟著我一起受傷的，因為在我們一起同居這兩年的生活，朝夕相處之下，我女兒對這個叔叔是有期待、是有感情的。但我女兒沒有讓我特別的擔心，我更要收起悲傷，開始認真規劃復出演藝圈計劃。

心窩語錄

陪你突破難關，找到成長勇氣

還記得我以前在當洗髮小妹的時候，常常有一些奶奶、阿姨輩的客人們，知道我很小就要賺錢養家，都會對我說：「窮人的孩子就是早當家」。所謂的「早當家」，就是指心理上更早成熟，精神上更早獨立，更早有責任感，更早的分擔了家裡的事務和經濟壓力，更早的學會了擔當。

確實，早熟的孩子總讓人倍感心疼。我竭盡所能提高家庭的生活品質至中高等級，避免孩子像我童年時那樣吃苦。雖然在經濟層面上，我確保孩子不需過早承擔家庭責任，但作為兼顧父母角色的我，萌萌在精神上卻顯得更加獨立。這是我在育兒旅途中的一大領悟：我所做的一切，孩子都會細心觀察。因此，孩子的早熟似乎也就成了自然的結果。

我發現我有許多媽媽的朋友，都很羨慕我的女兒很早熟、很懂事，但凡事都有兩面，提早長大的代價就是：提早失去了孩子應有的權利和快樂。因為我正是這樣長大的，當時很多同學都羨慕我，還在唸書就開一了間髮廊。但他們不知道我更羨慕他們可以當個全職的學生，沒有家累沒有經濟壓力，不需要強迫自己成長。

像我們這類型的孩子長大之後，因為提早出社會的關係，總是會掛著職業笑容，深藏著最真實的情緒。也明白機會是不等人的，有任何苦差事，我們一定都會說我可以。看起堅強又懂事、善解人意，其實是心理上很沒有安全感、無助感和無奈感。因為我們這類人都太過清楚明白：自己是沒有後盾，也沒有依靠的，不管遇到什麼事都要靠自己，而且還要當家人的依賴、當愛人的依靠、當別人眼裡懂事又可靠的存在。

正視了自己的問題之後，既然在親情、友情、愛情身上我得不到安全感，我開始練習「自己想要的安全感自己給」。例如：我在金錢上得不到安全感，我開始學習理財和開源節流，我透過不間斷的儲蓄，來改善我原本很窮的狀態。又如：我在愛情裡得不到安全感，我開始認真學習兩性關係，透過閱讀兩性關係的書籍，強大自己的愛情學分，試著和自己獨處，不再因為孤單而選擇錯誤的人。

從戀愛腦轉變為愛自己，這條路並不輕鬆。畢竟，由環境塑造的性格不易改變。然而，近年來，我提升了自我安全感，更明確瞭解自己真正渴望的，並領悟到，為自己而活帶來的自由與快樂無比。

Chapter 5

人生，沒有過不去的坎

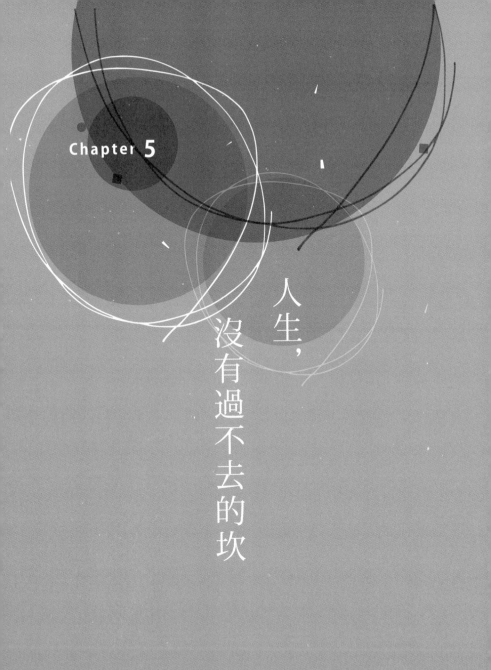

情緒勒索

別被親情綁架

Dear Lala

我的父母都已經退休了。天真的以為，步入晚年的他們會對子女擁有更多的寬容與理解。現實卻出乎意料。他們對於我的期望仍然高得驚人，總希望我們能在各方面超越親友小孩，不論是學業成績還是經濟收入，都要讓他們在外人面前能夠有面子。

從我讀的科系到職業的選擇，甚至於對象，還有每個月拿多少錢回家，他們都有很多意見。若我稍有不順從，便會被冠上「不孝」

的標籤，遭到父親的冷戰與母親的淚水攻勢。

去年，我終於鼓起勇氣，決定搬出去，擺脫那個會情緒勒索的家庭。搬家前夕，他們對我的決定感到難以接受，認為我完全沒有考慮到他們的感受，就是個不孝女。但我還是堅持了自己的決定搬了出去。

令人意想不到的是，這個決定不僅沒有讓我們的關係破裂，反而讓兩老懂珍惜我。雖然還是會經常打電話來詢問我何時回家，但我已學會以工作忙碌為由巧妙的不接受情勒。

這次經歷讓我明白，任何形式的情感勒索，其實都源於我們的默許。只要我們堅定立場，就沒有人能夠左右我們的人生。

蘋兒

Hi 蘋兒

相信每個人小時候學習到的孝順，就是什麼事都要聽話，在大人眼裡聽話就等於孝順，長大後才發現這是親情綁架和情緒勒索的一種話術。看完了我小時候的故事，我更有立場跟大家說，我就是這樣被親情綁架長大的。其實當時很不快樂，沒辦法決定自己的出生，還要和使用情緒勒索的親人生活，這也太痛苦了吧！所以當你懂得適當拒絕，就是你學著愛自己的開始。

人的感情中分成愛情、友情和親情，在這其中的情感裡頭，最難以割捨的就是親情了吧！從出生開始被家人照顧，懵懵懂懂到懂事，相信很多事情都是家人告訴你，應該怎麼做、應該怎麼選擇，卻忘了問問你自己，你想要的是什麼？

以前我爸爸常常向我拿錢，他對我說因為妳長大了，十四歲了，會賺錢了，就要為家裡付出，因為妳是長女「長姊如母」媽媽離開家裡了，所以妳就是要賺錢，賺錢養家照顧妹妹、孝順爸爸都是妳的責任。

媽媽也對我說，妳是姐姐，媽媽不在你就是小媽媽，妳要多多照顧妹妹，也因為她這一句話我一肩扛起養家養父親的責任，一扛就扛到現在了。但是當時我才十四歲，也想被父母疼、想當一個單純的學生、做我喜歡的畫畫和跳舞，但沒有人在乎過我的感受！是我想要當姐姐的嗎？是我想要出生在這麼貧窮的家庭嗎？是我想要一個嗜賭成性的父親嗎？是我想要一個這麼傳統思想的母親嗎？這些都不是我想要的。

在他們的錯誤認知裡頭，強迫我成長，讓我比一般同齡女生更懂事，其實這是很殘忍的，同學在認真唸書是因為他的父母承諾了禮物，我認真唸書是因為有獎學金。除了認真唸書還要認真賺錢，放假同學約出遊的時候，可以帶著他父母給的零用錢買喜歡的東西，我只能把假期塞滿了更多工作，用薪水來滿足我爸媽的期望。

我承認小時候很聽話，也是所有親戚朋友口中的愚孝女孩。為什麼是愚孝呢？因為當時有很多人都和我說，我爸爸這樣做是不對的，他做的這件事情叫做親情綁架。父親的角色應該像把多功能傘，下雨天會替妳擋雨，大熱天會替妳防曬，所以妳爸爸並沒有很愛妳。如果他很愛自己的孩子，不會捨得讓她這麼辛苦的活著。我當時氣急了！覺得他們都不懂爸爸，還很生氣地和他們說我爸爸是愛我的。

也因為我有這樣的成長過程，讓我學習到我不能成為這樣的父母，不然我女兒就是第二個蘇心甯。

細數這責任一扛就是二十幾年，當我可以雲淡風輕的分享我的過去，這坎就真的過去了！現在好好享受自己努力得到的生活，再回過頭看真的會感謝這一切的磨鍊！人生沒有白走的路，不是得到就是學到，我兩者皆有、有得到、有學到，有知足也感恩。

人生的路很長，總會遇到大大小小的坎，會摔倒，會受傷，但真的沒有什麼是過不去的，等你走過之後會發現，原來堅強的自己更迷人、更有魅力！

心窗語錄

陪你突破難關，找到成長勇氣

若你也處於家人的情緒勒索之中，我想告訴你，我雖然不是念很多書很有智慧的人，但對於家庭的情感勒索有些自己的看法。面對這樣的困境，試著將自己置於第三者的角度，客觀地評估情況的對錯。真正的愛，應是希望對方感到快樂和幸福，並全力以赴達成這一目的。當你發現錯誤時，及時的停止損失並糾正，才能在精神上找到真正的解藥。

很多人會把一生的不幸都甩鍋給原生家庭，包含我曾經也是。誰都想生在好人家，可是我們無法選擇出生、無法選擇父母，老天給我們什麼樣的出生，我們就儘量把自己人生過好！原生家庭不好的人，的確會成長變得很艱辛，但這不代表你只能走向不好的結局。童年決定了我們初期生命的樣貌，但成長才是我們一生的責任。

原生家庭會影響你一陣子，但不會決定你一輩子！無論原生家庭給你什麼，你都只能接受這個事實，但不是任由他對你無條件的消耗。想要學習不要被親情綁架，就要先學會接受事實。接受我的父母不會費心思照顧我、接受了我的家庭就是特別貧窮。既然是缺愛和缺錢，那就自己補給。

原生家庭沒給你想要的生活品質，你自己給！
原生家庭沒給你的愛，你就要自己愛自己！

有可能你會和我一樣，變成一個缺愛的大人，但當你意識到「缺愛」的那一刻開始，你就要努力學會愛自己！我到三十幾歲才真的懂了這個道理，所以只要你願意改變，一切都不嫌晚！千萬不要覺得自己是悲劇中的主角，也不要「認命」，人生還很長，你變成什麼樣的人，最終仍由你自己來決定。

你要相信，當你決定要變更好的時候，全世界都會來幫你。

單親媽媽

你能成為更好的自己

Dear Lala

在成為單親媽媽的這三年裡，我的生活經歷了翻天覆地的變化。從初步的錯愕與不確定，到現在的自信與自由，這段旅程充滿了淚水與笑聲，但也教會了我無比的堅強與自愛。

曾經，我被一段錯誤的關係綁架，深信一個滿口承諾卻行動不一的男人會與我共組家庭。他那時候告訴我，他的老婆不會理家，不會教小孩，只懂揮霍享受，他想要和她離婚，然後和我結婚。

只是，平時聰明的我，竟然被愛情沖昏了頭，相信了他，還跟他在一起，生了小孩，滿心期待他離婚後娶我。

沒錯，後來他離婚了，但也沒娶我，但我卻懷孕了！他又有了小三，於是我們四個人（他、元配、小三和我）就一直攪和在一起，過著很糾結的生活。去年，我決定遠離這個不該我承擔的負責關係，我不要求金錢，不要求名分，只希望可以擁有自由。我搬離了原來住處，斷絕了聯繫，現在變成獨立自主的單親媽媽。

我的工作可以自己選擇，我的收入不用在挪用來支付他和元配的家庭，我可以自己安排寶寶的學習成長計畫，不用在看公婆的臉色決定。一切變得很舒服、很輕鬆，很自在，現在我終於懂了，當單親媽媽真好！我相信 Lala 你懂得。

Yola

Hi Yola

恭喜！單親媽媽快樂。

同你一樣，我曾經為了愛、為了婚姻，離開了自己熟悉的生活圈，跟著他踏入了一個全新的世界。在這個過程中，我不僅需要適應一個陌生的環境，還得努力地融入他的家庭和朋友圈中。那段懷孕的日子，我經歷了孕吐、荷爾蒙的改變帶來的身體不適，還有對於身材改變的無力感、焦慮、恐慌，害怕老公不再愛我，這份擔憂如影隨形，無論是產前還是產後都無法擺脫，主要還是因為身材的變形、妊娠紋路的出現、色素的沉澱、脫髮等變化，這些變化嚴重影響了我的自信心。

孩子出生後，除了要忍受生產傷口的復原之痛，還得面臨產後乳腺阻塞漲奶帶來的疼痛。一開始為了擠出母奶供寶寶飲用，必須在乳腺堵塞、觸碰就痛的「石頭奶」狀態下，強行按摩，推開乳腺，還會常常伴隨全身發燒，對我來說這個塞奶的痛比生產還痛！任何經歷過產後乳腺阻塞的媽媽，都會對這份痛楚刻骨銘心。怕沒擠奶又會塞奶，半夜還要調了鬧鐘起床擠奶，還要隨時準備起床，照顧半夜突然大哭的寶寶，好讓老公能夠好好休息，上班不受影響。這些狀況多半都是女人獨自去面對的，也就是說新手媽媽的第一年，幾乎沒有一天能夠好好睡上一覺。

曾經，我也是為自己精選保養品的女孩，生了孩子後，所有購物清單上的，都是寶寶和老公的需求，家庭與孩子佔據了我所有的時間和精力，以至於自己的保養與計畫被迫擱置。過去的我擁有自己的舞台，不論是選美舞台上的風采，還是啦啦隊員的活力，或是美髮沙龍的經營者，我夢想著開設一家複合式沙龍，提供美容、美體、美髮及服飾一站式服務，讓每一位女孩都能美美地踏出門檻。只是這些夢想，最後都奉獻給了愛情和家庭。

這份痛苦與犧牲，是另一半難以體會的。這一切，只是為了生一個擁有他的眼睛和像我的笑容的孩子？一個承載他姓氏的後代？一個滿足公婆的期待？還是只是為了遵循傳統觀念中，女性應盡的責任？

遇到困境，最重要的是停止抱怨。面對挑戰，曾經的犧牲並不再重要，畢竟那都是我當初自己的選擇。或許會感到悲傷，但我知道我必須迅速回歸正軌；我可能會有所埋怨，但我明白我需要從錯誤中學習與成長；我可以不甘心、但我必須反轉人生局面！

勇敢結束婚姻後，發現自己遠離了那些認為單親媽媽辛酸可憐的傳統觀念。面對挑戰後的我，生活竟然變得分外充實快樂。作為單親媽媽，我不僅建立了自己的事業，還擁有了屬於自己的房子、擁有了自己的交友圈，並過著自己想要的生活。我的世界裡，有一個深愛著我的女兒，兩隻可愛的貓咪，每晚都能擁有寧靜的好眠，還有一個整潔、芬芳的家。

我並不是鼓勵大家要離婚，只是真的一輩子很長，面對婚姻我無法將就、歹戲拖棚的過一輩子。有一些思想傳統的親戚朋友都會說，要磨合、要給對方時間改變，但是改變一個人是一件很難的事，尤其是對感情的不忠誠的伴侶，千萬不要有聖母情節，期待自己可以去感化另一半，你做的一切只是在感動自己而已。

陪你突破難關，找到成長勇氣

心窩語錄

其實不用在意別人給你貼的標籤！我四十二歲，是個單身媽媽，有一個女兒兩隻貓，經歷了許多不值得繼續的感情，被貼著和幸福扯不上邊的刻板標籤，但這些標籤 #乾我屁事。

人生很有趣，不管遇到什麼事情一定要記得！
人生是自己的
路是自己走出來的
價值是自己創造出來的
我們要努力開創自己新的人生
不要去在意那些沒意義的評論
因為在意就對你的人生沒幫助
別人眼中的 #單親媽媽
自己心裡的 #全新媽咪

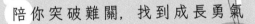

就算要貼標籤，請記得
請你自己幫自己貼上

聰明的人，在別人的錯誤裡發現自己的盲點，懂得檢討並付出行動力轉變和學習，才能成為更好的自己。

別因為任何一個人的否定，一段關係的失敗，而忽視了自己的存在價值。勇敢的面對自己的坎，只要你肯努力堅持下去，還是這一句：時間一定會給你答案，一切都是最好的安排。

愛自己、審視自己、接受自己

才能治癒心靈創傷

Dear Lala

從小家境貧困，只能寄宿於親戚的家，小學期間八度轉學，所以不太懂得和同學相處。長大之後，總是會擔心或害怕，自己表現不好被誤解，對自我要求都採取高逼標準。嚴厲不僅用在我身上，對周遭的同事、朋友與家人我也沒客氣。譬如說，孩子未能依我的計劃安排，我會嚴厲責罵與懲罰，親子間的關係變得緊張，就算假日出遊，也沒有什麼歡笑聲。

直到三年前罹癌，開始看心理醫師，才驚覺自己的問題，慢慢地回朔成長歷程。原來是因為我不夠愛自己，自我否定不僅影響了家人的情緒，也讓我對外界充滿戒心，疑心朋友和同事接近我都帶有目的，成為一個難搞的人。

經過這次的醒悟，我學會了如何同理自己。透過書寫，開始練習接納自己，慢慢地撫平過去的創傷。

我現在懂得了，真正的成長和解脫，來自於對自己的接納和愛。對於每一個身邊的家人、朋友、同事說聲抱歉。我正在學習改變，希望未來能成為一個更好的自己，也能帶給身邊的人更多的正能量和溫暖。

孟霎

Hi 孟璽

對於你的勇敢，我給予敬佩和肯定。每一次的自我察覺，都是一趟辛苦的旅程。這讓我想剛踏入演藝圈時，有些節目話題，女藝人們不見得都願意侃侃而談。特別是涉及離婚、家庭暴力、遭遇渣男等敏感議題。但實際上，由於需要工作賺錢，沒有選擇拒絕這些主題的通告。這種情況倒是成了我在演藝圈中獨特的價值之一。很多時候，選擇沉默並不意味著問題不存在，事實上，這些不幸的經歷確實發生在我身上。如果我的故事能為那些同樣遭遇困境的人帶去一絲希望和勇氣，那麼我樂意分享。畢竟，這既是我的職業，也是我工作的價值。

分享自己曾經經歷的家庭暴力、學生時期的困境以及愛情和親情中的情感勒索，對我來說，每次開口都是一次挑戰。以前從未有過向外界分享這些痛苦經歷的習慣，因此每當我試圖訴說這些故事時，彷彿又重回那些困難的日子，面對著當時那個孤獨無助的自己。重新體驗那些情緒時，眼淚總是不自覺地流下來，有時候我甚至會對自己的易感而感到困擾。

不知道反覆練習了幾次，一直到這幾年，才不會在還沒開口就泛著淚光，勇敢真的是需要練習的。

撰寫這本書的三年間，生命中發生了許多轉變，其中包括爸爸被診斷出患有阿茲海默症。我還必須深入自己的過去，面對那個曾經無助又膽小的我，強迫的把所有細節想了一遍，想了再想、想了再想，想到激動處還得不讓自己壓抑，完全性的釋放情緒，才能真實呈現出來當時的心情。這不僅不容易，也是很虐心的一件事情。

在寫書的過程中，意外地體會到，真正的成長和內心的堅強，必須透過反覆地審視自己並接納自我。當你深入了解自己、學會接納自己，便會意識到自己的辛勞、努力，值得被善待。這樣，愛自己就會成為一種自然的行為。無論是順境還是逆境，都應懷著感恩之心和理解之情。與過去的自己和解，愛上現在的自己，向未來的自己許下希望。我對自己的堅持感到感激，也感謝那份想要與你們分享的初衷。很高興我又完成了一個人生里程碑。

陪你突破難關，找到成長勇氣

心甯語錄

我有一個朋友，她是那種很愛抱怨討拍的人！小事抱怨、小痛討拍、一直在花時間向全世界訴說他有多憤世嫉俗。她的原生家庭讓他好辛苦，抱怨之後又會說自己好可憐、沒有人愛他。其實每個人都有每個人的難，但反覆抱怨這種負面能量是很可怕。面對人生黑洞，不管你是抱怨者還是聆聽者，都要去設定一個停損點。

我們可以抱怨，學習和傷痛共存，也要好好的提升自己、強化自己、愛自己。

把抱怨的時間用來健身，你會變瘦又變得更健康！
把抱怨的時間用來學習，你會得到知識，而且更有力量！
把抱怨的時間用來化妝與保養，你會開心自己變漂亮！

我們可以聆聽、陪伴、支持、理解、溝通，但別把自己的生活也賠進去了，善良也要學習保護自己！

滿腔的負能量，看什麼都不順眼！

滿腔的正能量，看什麼都充滿希望！

我知道愛自己很難，但我們只要明白這個道理，願意去做、願意去改變、願意去學習一切都來得及。我是到了三十幾歲才學會愛自己，因為大病一場，才發現我糾結的那些人事物，都沒有我的身體重要，我為什麼要因為他們，葬送我身體和心靈的健康！慢慢的收回那些因為渴望得到愛，而盲目付出的觀念，把那些付出放在自己還有重要的人身上，才是正確。

愛自己的樣子，無非是好好生活、活出最迷人的樣子，你的臉蛋、身體肌膚到髮絲和身體健康，都更值得全心好好去對待！透過運動和瑜珈讓身體健康；或是追個劇讓自己心情放輕鬆；學習儲蓄，當自己的靠山。

自己愛自己，強於很多人愛你。不要從別人身上找安全感，能給你安全感的只有你自己。

有賺錢的能力
就能活出自我價值

Dear Lala

朋友們常說，我是個完全沉浸在愛情中的女人。

不論愛情路途多麼難走，只要是我深愛的人，即便姊妹淘對他評價不佳，我也會毫不猶豫地選擇和他墜入愛河。

三段愛情，每一段我都全心投入，每一次都非常認真。直到步入人生的半百，我才驚覺，原來歲月易逝，女人的青春一去不復返。

就在兩年前，隨著更年期的到來，我的身體狀況亦開始走下坡，從昔日的魔鬼身材變為今日臃腫的大媽模樣。龐大的醫療開支讓男友拋棄我，這好像是老天爺給我的提醒，愛情雖美好，但不可能是生活的全部，夢該醒了！該重新規劃人生。

還好我的父母很健康，他們很照顧我。他們要我回家同住，準備好三餐並幫我調身體，也安排我到家族的工作工作，讓我有穩定的收入和安全感。

走過風風雨雨，我終於明白了一個道理——愛情固然甜美，但不是人生的全部。我學會了愛惜自己，學會了將愛放在更對的位置。人生沒辦法重來，只要發現問題都不算太晚，希望我的故事，可以與所有姊妹們共享。

湘琴

Hi 湘琴

我深深認同你說的人生沒辦法重來，只要發現問題都不算太晚！因為命運和機會永遠都是掌握在自己的手裡，也就是這樣，離了婚之後就告訴自己，再也不要因為別人輕易改變自己的決定！

離婚後，我歷經三段戀情，遇到的男友及其家人均對我的職業持反對態度。奇妙的是，他們初次被我工作的光鮮亮麗所吸引，但隨著時間推移，我的職業反而造成他們的不安全感，希望我能捨棄工作、放棄事業。他們期望的媳婦，並不是在螢光幕前或社群裡的公眾人物，而是願意留在家中，相夫教子的女人。

好的，你有你的想法，我有我的堅持！在我的認知裡，我的人生不是只有好女友和好媳婦的角色。我很喜歡我每一個斜槓的工作，這些工作可以讓我好好照顧孩子、孝順父母、還有繳房貸、

其他都對他很好。

愛情沒有保存期限，再怎麼好也有可能會有變質的一。現在她快四十歲了，為了男人、為了愛情，換了好多好多份工作，每結束一段戀情，就要在工作領域重新開始。我自己也傻過，所以看了很捨不得。如果他沒有為男生放棄自己熱愛的工作，依照他認真工作的態度，一定會在工作領域上大有成就，可能是一個彩妝講師，或是一個化妝品品牌的總經理，不會到現在還在領一個月3萬不到的工資。

四十歲之後我們要面對的，除了自己人生的成績單，後面還要面對很多現實層面的事情。例如：你的體力和狀態開始下降、工作能力沒有以前來得好、家裡的長輩開始面臨生老病死的問題、如果還要養育孩子……，這些開銷都非常的驚人！現在她也很後悔活了半輩子的戀愛腦，讓她下半輩子格外辛苦。

所以真的不要傻傻的，為了愛情捨棄自己的工作和生活！如果被逼著做取捨，一定要勇敢放下不健康的愛情，雖然你暫時失去了愛情，但你還保有自己的價值，與過生活的能力，請相信，未來一定會遇到更好的人。

不論是心靈或美麗，只有當你又美又能金錢獨立時，失去愛情就只是失去這段愛情，妳還是有錢、有人生、有夢想、有美麗。請記得，你一定要好好照顧自己。

聰明與善良

都是自己的選擇

Dear Lala

從小，我擁有過人的正義感和勇氣。面對不公平，總是毫不猶豫地挺身而出，為朋友伸張正義。我的高中同學，她家庭貧困，性格內向，經常遭受學姐的欺負。我看不過，多次為她出頭，最後我們成為無話不談的閨蜜。

她因性格原因，即使遇到心儀的對象，還是沒辦法修成正果，一直都是孤孤單單的一個人。只要每逢佳節，我都會邀請她來我家團聚，遇到困難，我和我老公也會伸出援手，盡可能的幫忙協助。我曾以為她會像我對她那樣對待我、照顧我，但萬萬沒想到，她竟成了我婚姻中的第三者，最諷刺的是，這件事還是朋友不忍心偷偷告訴我的。

這件事並未讓我失去對人的信任，因為我的個性可以正面地面對這一切。和老公深談之後，我們決定給予雙方一次機會，好好的重新開始。

回顧這件事，我確定我沒有做錯，不應該因她的背叛而自我懲罰；也不應該因為一次挫折，而沮喪停留在原處；反而，要更加堅持自己的善良個性，繼續以正面的態度面對生活，就像Lala常說的，一切都是最好的安排。

小閔

Hi 小閔

我很常開玩笑自嘲說自己長得很吃虧，因為我一臉壞女人樣，光看臉就感覺我很會玩、酒量超好、夜夜笙歌、手腕極高、長袖善舞，撒嬌一下就可以輕易獲得豐厚零用錢的厲害角色。

但，真的很不好意思，我是那種怕煙味、怕夜生活、怕吵、怕複雜、喜歡宅在家追劇、極度戀家癖的女子！說到酒量，我是那種煮燒酒雞，還沒開動，聞到燒酒雞就可以酒醉的人，酒量超級弱！只要三口啤酒就茫掉，好省酒錢那種！

還有，我一直都堅持自己要活得有「底氣」，我是一個連贍養費都不拿的人，就知道我熱愛自由，為了新生活不怕吃苦！因為我喜歡在職場上追求成就感，這種堅強自立的鐵娘子風範，才真是帥氣！

在某次公益活動中，我遇見了一位男士，我和他擁有類似的價值觀。作為一位在社會上有一定地位的人物，他見多識廣，與我分享的種種故事深深吸引了我。隨著時間的推移，在他不懈的追求下，我漸漸地對他產生了敬佩和情感。

在我們交往前，他向我坦白，自己在美國有一位交往多年的女友，這位女生與他的父母同住，且深受他們的喜愛。然而，他坦言自己並不喜歡她，直到遇到我之後，才發現是真的很喜歡我，也很想照顧我，捨不得我這麼辛苦的工作，問我是不是可以和他在一起，他保證願意照顧我一切。

不！我怎麼又聽到這種對感情很不負責任的話術。我喜歡他是真的，但聽完他說的話心碎也是真的。即使當下很難過，還是果斷的拒絕了他。我也是一個被傷害過的女人，我懂那個傷害有多痛，我不想當那個加害者。如果我答應這件事情，我要怎麼面對自己呢？我要怎麼坦蕩的面對家人、教育女兒呢？我不想因為愛情違背自己良心，雖然我也喜歡他，但是我必須為了這不同的三觀，選擇割捨和遠離。

我有一個好姐妹，我當初認識他的時候覺得他性格很好、也很努力，她年紀小我很多，所以我總是把她當自己妹妹在照顧。有什麼漂亮衣服、就會分他穿，有什麼好吃好玩的、就會帶上他，有什麼好的工作機會、就會分享給他。他是我在臺北最親的好姐妹，也把當時交往中的對象，介紹給我的好姐妹認識，想說多一個人幫我把關也很好。

和這個男生不再聯繫之後，在好姐妹的陪伴下，漸漸就放下這個男生了。有次聖誕節聚餐的場合，因為全場都是我演藝圈的好朋友，但因這個好姐妹也很想要認識多一點人脈，我也就拉她一起進來參與。在聊天的過程中，我突然和我這個好姐妹說，現在我能跟這個男生好好當朋友了，因為當不成情人也可以當朋友。我這句話才剛說完，我這個好姐妹就和我說：「不可以，你不可以跟他連絡，因為我和這個男生在一起了。」

哈哈！我都四十歲了還可以遇到這樣的事情！這個女孩是我很好的朋友，她陪我走過許多難過的日子，我也分享很多好康的事物給她，就是所謂有福同享有難同當的姊妹淘。當我知道她和他在一起時，我真的很難過，這段期間你對我的關心是真心的嗎？你和他在一起又得到我的關照，難道不覺得不夠尊重我嗎？你到底在想什麼？

我很難理解為什麼又讓我遇到這麼痛心的事情，而且在一個很是多……但千萬不要覺得是自己的問題！因為善良和真誠永遠不會錯，錯的是我們忘記好好保護自己，總是毫無保留對他人掏心掏肺，沒有用心觀察這個對象，值不值得我們用善良和真誠來對待。而且良心是天生的，有的人沒有就是沒有！

人活在世上最重要的就是人品和善良，善良不僅表現出一個人的本性，更是表現出一個人的處事方式和處理態度。當遇到一件事情需要做抉擇時，人品好且善良的人，他們寧願選擇一輩子的良心安寧，也不會選擇透過傷害、背叛、爭奪……來獲得好處的捷徑。

不用擔心成功來的太晚，一個堅持正義、努力向上、善良又溫暖的優良人品，他們計較的事情很少，沒時間抱怨和算計，因為他們的時間都放在承擔責任和提升自己，人生就會少有後悔的事，自然生活也會變得更美好。時間久了，會有很多人欣賞他，加上一路累積的好人緣，你的磁場和內心會開始變得強大，生命中和你不匹配的人事物，也都會自動遠離。

所以，不要因為錯的人、糟糕的事、辛苦的階段甚至破碎的自己，去影響你內心堅持的人品和善良。你只管去成長你自己、超越你自己，回報不一定在付出後立即出現，但只要你肯堅持，就能擁有重生的勇氣並遇到遲來的幸福！有句話說的很好「世界上所有的驚喜和好運，都是你積累的人品和善良」所以我們都別擔心，時間一定會給我們答案，一切都是最好的安排。

很開心也很謝謝你們陪我一起讀到最後，我想透過「開始愛自己·全世界都會擁抱你」祝福大家都能真心的接納自己、勇敢和解、學習轉念、不再抱怨、撕掉標籤、堅持良善！

生命中遇到的人記得善待，經歷的事記得盡心，不管是原生還是意外「負責任」絕對是一件很勇敢又帥氣的事。

開始愛自己 全世界都會擁抱你

作者Lala蘇心甯 **攝影**J2wedding柯柯主任 **造型**J2wedding Ellen老師 **禮服**J2 Plus訂製婚紗 **美術設計暨封面設計** RabbitsDesign **行銷企劃經理**呂妙君 **行銷企劃主任**許立心

總編輯林開富 **社長**李淑霞 **PCH生活旅遊事業總經理**李淑霞 **發行人**何飛鵬 **出版公司**墨刻出版股份有限公司 **地址**台北市昆陽街16號7樓 **電話**886-2-25007008 **傳真**886-2-25007796 **EMAIL**mook_service@cph.com.tw **網址**www.mook.com.tw **發行公司**英屬蓋曼群島商家庭傳媒股份有限公司城邦分公司 **城邦讀書花園**www.cite.com.tw **劃撥**19863813 **戶名**書蟲股份有限公司 **香港發行所**城邦（香港）出版集團有限公司 **地址**香港九龍土瓜灣道86號順聯工業大廈6樓A室 **電話**852-2508-6231 **傳真**852-2578-9337 **經銷商**聯合股份有限公司（電話：886-2-29178022）金世盟實業股份有限公司 **製版印刷**漾格科技股份有限公司 **城邦書號**KG4029 **ISBN**9786263980075 **定價**420元 **出版日期**2024年5月初版

國家圖書館出版品預行編目(CIP)資料

開始愛自己 全世界都會擁抱你/蘇心甯(Lala)著. -- 初版. -- 臺北市：墨刻出版股份有限公司出版：英屬蓋曼群島商家庭傳媒股份有限公司城邦分公司發行, 2024.05

面； 公分

ISBN 978-626-398-007-5(平裝)

1.CST: 蘇心甯 2.CST: 自傳

783.3886 113003907